「自由進度学習」の取り入れ方・進め方

こどもに ゆだねる 国語授業

JN028097

吉野竜一 著

明治図書

Preface

はじめに
この本を手にとってくださったみなさんへ

　こどもに「ゆだねる」と聞いて，どのような印象を受けますか。「当たり前」と感じるでしょうか。「そんなことできない」と思うでしょうか。

　私は，今でこそ「当たり前」だと思っていますが，10年前の自分が聞いたら「無理だろ！　とんでもない！」と思ったに違いありません。昔の自分は極めて統制的だったと思いますし，「子供は俺が導くもの」というくらいおこがましい考えをしていたと思います。もちろん，全力で取り組んでいましたし，好意的に思ってくれた子，保護者の方，同僚の先生方もいたと思います。しかし，少なからず迷惑をかけていたことも間違いありません。例えばどんな様子だったかというと

　○こちらの指定したノートの書き方でないと注意をする。
　○話合いの人数，時間を全てこちらがコントロールする。
　○研究授業などの都合で，こちらが課題を指定する。

のような授業を行っていました。これでもほんの一例です。もうお気付きだと思いますが，全て「こちら」の都合になっているのです。「こども」がどこにもいないようにすら感じる授業が，よい授業なはずがありません。もし同じような授業をされている方がいるなら，すぐにでも改めてほしいと願うばかりです。

　では，なぜこのような授業になってしまったのか。それは授業を「授業のみ」として捉えていたことが原因だと思います。この授業がこどもたちの将来にどのようにつながっていくのか，という大きな視点で捉えることが欠けていました。視点が狭まると，選択する方法も授業を成立させることに特化するようになり，結果こどもが置き去りになるという流れができていたように思います。

幸い，私は同僚の先生方，出会った本，何よりこどもたちのおかげで「このままではいけない」ということに気が付くことができました。すると同じことでも，こどもたちへの伝え方が大きく変わっていきました。

「自分にとって分かりやすいノートにすることが大切だね。でも書き方に迷ったときは，こんな方法がおすすめだよ」
「自分の目標を達成するために，誰とどのくらい話し合うのか考えよう」
「自分が知りたい，やりたいという気持ちを大切にして課題を立てよう」

　こどもたち一人一人を尊重できるようになり，気が付くと「ゆだねる」ことを軸に授業をしている自分がいました。これを既にある言葉に置き換えたときに「自由進度学習」というものに近いと感じました。
　もちろん，いきなり全てをゆだねたわけではありません。少しずつ，できそうなところから，ゆだねていきました。1単位時間の中で，単元の中で，学期の中で。すると，こちらがコントロールしようとしていたときよりも，こどもたちの成長を見取ることができるようになり，結果として学力も向上したのです。私自身の大きな成長としては，以前より優しくなったところが挙げられます。
　今では「吉野先生の国語が大好きです」と本当にどの子も言ってくれるようになりました。ですが，特別なことをしたわけではありません。ほんの少し見方を変えて，ほんの少し勇気を出してゆだねてみたら，いろいろなことが素敵な方向に動き出したような感じです。
　ですから，この本は「どこにでもいる先生」が「誰にでもできる」ことを少しずつ積み重ねていった成果と捉えていただければ幸いです。そして，手にとってくださった方の力に少しでもなれたら何よりうれしく思います。

2023年5月

　　　　　　　　　　　　　　　　　　　　　　吉野　竜一

Contents 目次

こどもに「ゆだねる」
自由進度学習を取り入れた国語授業づくり

第❷章 055

1単位時間の自由進度学習の進め方
1時間の授業で「ゆだねる」

第❸章 089

単元内の自由進度学習の進め方
単元の中で「ゆだねる」

第 ① 章

こどもに「ゆだねる」

自由進度学習を取り入れた国語授業づくり

そもそも「ゆだねる」ってどういうこと？
どんなことを大切にして「ゆだねる」の？
ということを紹介していきます。

1 こどもに「ゆだねる」授業とは？

〉〉 授業を始める前に

　こどもに「ゆだねる」授業を考える上で，一番大切なことは「学びとは，こどもが自律的に行うもの」という考えに立ってスタートするということです。ここを間違ってスタートしてしまうと，何をどのくらいゆだねたところで根っこの部分は変わりません。

　こどもが自分たちで進める授業を多く目にするようになりましたが，同じような授業に見えても，こどもの自律的な学びを望んでいるのか，先生が統制的に教えようとしているのかは，にじみ出てくるものです。まして，それを1年間積み重ねたら，こどもへの影響はとても大きなものになるでしょう。ですから，「最後はこちらで用意した結論でまとめよう」とか「この一線を越えたら注意するぞ」とか，そういう思いで授業をしてほしくないなと思います。こどもは本当に素敵です。学びたいと思っていますし，成長したいと思っています。こどもへのリスペクトを忘れなければ，「こちらで考えは用意しておくけれど，こどもの言葉を生かして，一緒にまとめていこう」とか「この一線を越えたら，まずは観察してみよう。それでも分からなかったら，なぜ？と聞いてみよう」というように対応できるはずです。その姿勢は必ずこどもに伝わり，自律的に学ぶようになっていきます。

　この姿勢でいることは，当たり前のようでとても難しいことです。ついついイライラしてしまうこともあります。いろいろな締め切りに追われて，焦って授業をしてしまうこともあります。それも含めて自分自身です。そんな自分を受け入れて，改めて学んでいるこどもたちを見つめてほしいと思います。そうして自己調整を図りながら，こどもが学びをつくる上で自分がどのように関わるのか考えてみましょう。例えば，私は図1のようなことを考えて授業をしています。

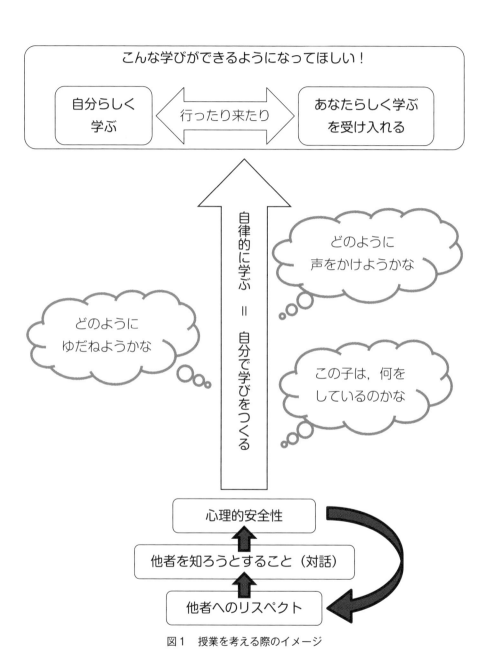

図1　授業を考える際のイメージ

他者へのリスペクトとは，先生がこどものことを尊重することもそうです
し，こどもどうしの関係もそうであってほしいと思っています。先生がこど
もに対して敬意をもって接していたら，こどもどうしもそのようになってい
きます。これは好意と似ているようで少し違う気もします。必ずしも全員の
ことを好きになるわけではありませんが，尊重することはできそうです。こ
のあたりも私はこどもたちと共有しています。

　ここで大切になるのが対話です。他者のことを尊重しようという意識をも
って，その人のことを知ろうとするために対話を行います。国語の授業では
（もちろん国語に限らず）毎時間対話が行われていると思います。これは，
国語の目標を達成するための対話であると同時に，他者への敬意を伝え，心
理的安全性を生み出すための対話でもあるのです。

　敬意をもって対話をすることで心理的安全性が生まれ，心理的安全性が生
まれることで，より相手をリスペクトできるという好循環が生まれると，こ
どもたちは最大限の力を発揮して学びをつくることができます。逆に「これ
を言ったら，みんなにばかにされるかな」とか「こんな意見を発表したら先
生に怒られるかな」といった気持ちでいると，学びの効果が薄れていくのは
明らかです。授業は心理的安全性という土台の上に乗っていると言っても過
言ではありません。ただ，これは本当に難しいことです。時間をかけて粘り
強く関わり続けるしかありません。遠回りのようでこれが一番の近道だと私
は考えます（かつて出会った素敵な先生のクラスは，この心理的安全性があ
りました。もっと質問しておけばよかったと思うこともあります）。

　土台になるものが見えたところで，そもそも何を願って授業をするのかと
いうことを考えなければなりません。私の場合は，「全てのこどもが生きた
いように生きること」を願って授業をしています。「生きたいように生きる」
ためには，「自分らしく生きること」と「他者の『生きたいように』を受け
入れること」が必要になってきます。これはウェルビーイングにつながるこ
とであり，『学校と社会　子どもとカリキュラム』（ジョン＝デューイ著，講

談社，1998年），『学問としての教育学』（苫野一徳著，日本評論社，2022年）といった著書から学んだことです。これを授業の中でこどもと共有する際に，「自分らしく学ぶ」ことと「あなたらしく学ぶことを受け入れる」ことを行ったり来たりしながら学ぶことが大切だと私は考えます，と伝えています。

　分かりにくい表現で申し訳ないのですが，まずは「自分らしく学ぶ」ということを大切にしてほしいと思っています。これは，自分の好きなこと，興味のあること，詳しく知りたいことなどを，自分のペースで自分に合った方法で，自分の目標に向かって学ぶことを指します。しかし，人は一人では生きていけません。自分が生きたいように生きるためには，やはり他者とつながる必要があります。そのために，他者の考えを受け入れることが求められます。どちらか一方ということではなく，ここを行ったり来たりしながら，バランスよく学んでいくことが大切だという考えです。

　これを伝える際には，こちらの考えを押し付けるのではなく，私の願いであることを伝え，こどもの願いも伝えてもらいます。お互いがこんなことを願って授業をつくっているんだね，ということが確認されることが重要であり，私の考えに賛同することが重要というわけではありません。あくまで伝え合い，お互いが納得できるように進めていくイメージです。

　私は，この「願い」をこどもと共有する際に，自分の昔話と今の社会がどうなっているかという話をつなげて伝えるようにしています。みなさんも「これが大切だから」という結論だけを伝えられるより，「なぜ大切なのか」「どのような経緯でそう思ったのか」という理由やプロセスもセットで聞いた方が，より納得できると思いませんか。ですから，私は国語開きを行う際には，じっくり時間をとるようにしています。教室をイスだけにしたり，体育館で広く距離をとったり，外にレジャーシートを敷いたりしながら，お互いの顔が見えるように円になって話をするのです。

　私がどんな話をしているのか，例としてここに記します。みなさんも自分が大切にしていることを，「なぜ」と「どのように」をふくめて，こどもたちと共有してみてください。

私は，みなさんには「生きたいように生きる」そんな人生を歩んでほしいと願っています。今日は，そのために大切だと思うことをみなさんに伝えます。長いお話になりますが，ぜひ本気で聞いてください。

　まず，みなさんが学ぶときに「自分らしく学ぶ」ということを大切にしてほしいと思っています。
　「生きたいように生きる」ということは，言い換えると「自分らしく生きる」ということです。ですから「自分らしく学ぶ」ということになるわけですね。では「自分らしく」とはどういうことでしょうか。

Ｃ：私は，ピアノをやっているときに，自分らしく演奏するって言われたことがあるよ。

Ｃ：分かる！　私はサッカーの練習中にコーチから「自分らしくプレーする」って言われた。

　好きなことをやっているときでしょうか。それとも緊張をほぐそうとしてくれた場面ですかね。

Ｃ：そうかもしれません！　あなたらしくのびのびやるんだよって言われたこともあります。

Ｃ：いつもどおりってことじゃないのかな。

　いつもどおりって素敵な言葉ですね。自分らしくと近いのかもしれません。家にいるときがいつもどおりですか。それとも友達と話しているときとか。

Ｃ：それは確かにいつもどおりかも。家にいて，だらーんとしているときは，いつもの自分っぽいです。でも人には見せられないなあ。

でもサッカーやピアノに自分らしく取り組んでいるところは，人に見せて
もいいのではないですか。

C：じゃあ，家から出たら違う自分になってるのかなあ。
C：でも図工のときに自分らしい作品ができたって思ったことがあったよ。
　　家にいるときだけが自分らしいってわけじゃないと思う。
C：いろんな場面に，いろんな自分がいるってことじゃないかな。でもそれ
　　だと本当の自分がどれか分からないね。

　みなさんの話は本当に素敵ですね。ずっと聞いていたいくらいですが，私
が考えていたことを伝えます。みなさんの話と違うところもあると思うので，
自分とは違うなと思ったらその気持ちを大切にしてください。
　私は，全部が「自分らしい」ということでいいのかな，と思っています。
サッカーをがんばる自分も，家でだらーんとしている自分も同じ自分です。
まずは，いろいろな自分を受け入れる。カッコいい自分だけでなく，ちょっ
とカッコ悪かったり，恥ずかしかったりする自分も受け入れる。その上で，
「自分で決める」ということが「自分らしく○○する」ということだと思っ
ています。ですから，「自分らしく学ぶ」ということは「自分ってこんな人
だな」ということを受け入れて「自分で決めて学ぶ」ということだと思うの
です。賛成か反対かは置いておいて，私の考えはみなさんに伝わりましたか。

C：すごくよく分かりました。納得もしました。
C：私は，「なるほど」と思ったけど，ちょっと難しいって思いました。「自
　　分で決めて学ぶ」って難しそう。

　難しいと感じて，それを言葉にできたということが，もう「自分らしい」
の一歩目だと思いますよ。それこそ自分のペースで，自分のタイミングで
「こういうことかな」と思えたらいいのです。「こっちの方が大切だな」と

別のことに納得してもいいですし。

C：でも「自分らしく」って，やっぱりいいことだと思います。
C：逆に「自分らしくない」ってなんか苦しい感じがします。

　それは私も同じです。とてもよく分かります。みなさんにとって「自分らしくない」ってどんなときですか。

C：人に言われてやったとき。
C：やらされているとき。
C：しかも納得できていないとき。

　どんどん出てきますね。実際にそういう経験があったということでしょうか。みなさんの表情を見ていても，やっぱり「自分らしい」方がいいのではないかと思います。
　ところが，これまでの学校では「自分らしくない」方がよいのではないか，と感じる場面がたくさんありました。

「高学年らしくしましょう」
「周りとそろえましょう」

　みなさんも言われたことがありませんか。授業でもそうです。

「先生がいいと言ったら頁をめくりましょう」
「終わったら，手をひざの上に置いて，みんなが終わるまで待ちましょう」
「時間がないので多数決で決めます」

　実は，これは昔の私のことです。そのときは，これがこどもにとっていい

ことだと思っていました。私がこどもたちを導くんだと決めていたんですね。でも，これはおかしいということを担任した子たちが気付かせてくれました。
　例えば，卒業生が訪ねて来てくれたときの言葉です。

　「今のクラスが楽しくないんです。吉野先生のクラスに戻りたいです」
　「もうすぐ就職です。でも自分のやりたいことが見付からないんです」

　この言葉をかけてくれた子は，とても素敵な子でした。優しい子でしたし，足が速かったり，字がきれいだったり，学力が高かったりと輝く個性をもっている子たちでした。どこに行っても心配いらないと思っていました。ですが，その言葉を聞く限り「自分で決める」とか「自分から行動する」とか，まさに「自分らしく」という部分が足りないように感じたのです。
　そう思って私自身の言動を振り返ると，「小学生らしく」とか「これまで言われてきた『よい子』らしく」を求めていたり，私がルールをつくったり，意見の食い違いを私が解決したような気になっていたりと，「自分らしく」を発揮できるわけがないものが，たくさん思い出されたのです。
　年齢の違う卒業生の言葉を続けてもらった同時期に，当時担任していた子からも言葉をもらいました。

　「先生の言うとおりにやって，大会で優勝したけれど，それって何の意味があったのかな」

　これも衝撃的な言葉でした。よかれと思ってやっていたことが，結局「自分らしく」の機会をうばっていたのです。しかも，私はこどもたちが自分で決めて，自分たちで進められるようにふるまっているつもりでした。ですが，心のどこかで「私が決める」と思っていたのでしょう。そういった気持ちは必ずこどもたちに伝わるものです。私は自分の言動を全て見直すことにしました。

私が心がけたのは,「思っていることを誠実に伝えること」と「こどもたちが決めること」の二つです。

　「私は○○の力を付けてほしいと願っています。みなさんには□□を自分で決めて学んでほしいと思っています」

　このとき,誰とどこでどのように学ぶのかを自分で決められるように「ゆだねた」ことを鮮明に覚えています。「自分らしく学ぶ」ということや,「ゆだねる」ということの原型が生まれたときだったのかもしれません。

　鮮明に覚えているのには二つ理由があります。

　一つめは,「今日の授業は,いつもと違って楽しかった!」と声をかけてくれた子がいたことです。何とかしないと,と思っていたところに,こんな素敵な言葉をもらったので,本当にうれしかったです。

　二つめは,授業を見ていた他の学校の先生に,「いつもこんなに自由にやっているの?」と質問されたことです。決していい意味で質問をしたわけではないと思います。「これで大丈夫なの?」という意味だったのかなと。このときは,確かに大丈夫かなと不安になりましたが,今では自信をもって大丈夫だと言えます。みんなが同じ方法で同じ時間をかけて同じことに取り組むなんて,むしろ不自然ですよね。これも「自分らしく」とは違うと思います。ですから,今は自信をもって「自分らしく学ぶことは大切だ」とみなさんに伝えることができるのです。

(このあたりで45分が過ぎたので,体を動かしたり読書をしたりしてから,
　第二部突入です。長い国語開きですね。)

　では,「自分らしく学ぶ」ことができれば「生きたいように生きること」ができるでしょうか。私は,それだけでは足りないのではないかと思っています。なぜなら,人は一人で生きていくことが難しいからです。

　極端な例ですが,あなたが休み時間におにごっこをやりたいと思っていたとします。ですが,友達にはブランコをしたかったり,ドッジボールをした

かったりする子もいます。ここで諦めたらおにごっこはできません。かといって無理やり誘えば，一緒にやってくれないかもしれません。みなさんだったら，どんなふうに声をかけますか。

C：今日は，おにごっこをしようって誘います。
C：じゃんけんで決めるのがいいと思う。
C：読書をしたい人もいるから，みんなで遊ぶ日と好きな遊びをする日を話し合って決めたいです。

　とても素敵な声のかけ方ですね。みなさんが言ってくれたことは，「自分らしく」も大切にしながら，「『あなたらしく』を受け入れる」ということも大切にしていると感じました。
　自分はこれをやりたいんだ，と思うことは素晴らしいことです。それを相手に伝えることができるなんて，さらに素晴らしいです。でも，それだけを続けていたら，離れていってしまう人もいます。結果，やりたいことができなくなってしまう。自分のやりたいことを伝えるだけでなく，相手のやりたいことを聞くし，受け入れる。するとお互いによりよい関係をつくっていくことができるのです。遠回りのようですが，やりたいことをやる，生きたいように生きる上で，一番の近道ですし，一番長く続く道になると思います。
　「自分らしく学ぶ」，「あなたらしく学ぶことを受け入れる」。この両方を大切にすることが，「自分らしく生きる」，「あなたらしく生きることを受け入れる」ということにつながり，「生きたいように生きる」ということにつながっていくのだと思います。

　最後に「学ぶ」とはどういうことでしょうか。これは，いろいろな表現ができると思います。私は「自分を知り，自分から取り組み，自分が成長できる」ということが「学ぶ」ということだと考えています。先程お話しした「自分で決める」ということと似ていますね。

そもそも「学ぶ」ということ自体が，「自分」というものから始まるものなんですね。ですから「自分らしく学ぶ」という言葉は，いろいろ重なっているような感じがしますが，強調するためにあえて書きました。

　人に何かを教わるだけでは，「学び」とは言わないのだと私は思います。自分から学んでいくことは，本当に大切なことなのです。

　私もみなさんと同じように，日々学んでいます。学んでいて分かったことは，これは私だけが大切だと感じているわけではないということでした。私よりもたくさん学んでいる人たちが，いろいろな言葉で「自分らしく」「あなたらしくを受け入れる」「学び続ける」ということが大切であると伝えています。それを知って，とてもうれしい気持ちになりました。そして，自分の中の地図が大きく広がりました。みなさんに自信をもってこれが大切であると伝えることができるようになりました。成長することの楽しさを，私は今も実感しています。

　これさえやっておけば大丈夫というものはなさそうです。不安を感じるかもしれませんが，それ以上に「だからこそ楽しい」と感じてほしいです。「自分らしく」ということ。「あなたらしくを受け入れる」ということ。「学ぶ」ということ。この三つを大切にして，よりよい「生き方」を自分で見付けていきましょう。これから1年間，よろしくお願いします。

　終わったときには，少し距離が近くなったという実感，いつもと違う雰囲気で学ぶことの心地よさ，これからの自分への期待など晴れやかな表情が見て取れました。私はこの時間が大好きです。

　難しいことを話しているようですが，実際のこどもたちは大人の想像を簡単に超えてきます。止まらないくらい意見が出てきます。先生は，うまいこと着地させようとか，コントロールしようとか思わずに，話し合うことを自分も楽しんで，一人の人として誠実に考えを伝えるようにしましょう。

　しかし，この1回で全てがうまくいくわけではありません。1回伝えただ

けで，「もう伝えたでしょ」「ちゃんと聞いていなさい」というのは，昔の私あるあるです。大切なことを1回しか言わないなんて，普通に考えたら笑い話です。本当に伝えたいことならば，手を替え品を替え，何度もアプローチを図るのではないでしょうか。

　共有したことを軸に，日々の学びを積み重ねること。折に触れて願い（大切にしていること）を伝え，繰り返し共有を図ること。そうした粘り強さに支えられた活動こそ，本当に大切なことを伝える一番の近道だと私は思っています。

　土台を確認し，願いも共有できたところで，いよいよ「どのように授業づくりをするのか」ということにふれたいと思います。図1（p.9）のとおり，大きく三つのポイントがあります。

　一つめのポイントは，「どのようにゆだねようかな」ということです。これは授業の前に考えておくとよいでしょう。

　二つめのポイントは，「この子は，何をしているのかな」という観察の視点をもつことです。これは，判断をすることとは異なります。

　三つめのポイントは，「どのように声をかけようかな」ということです。フィードバックであり，その子を知ることであり，関係をつくることでもある重要なポイントです。

　一つめのポイントは「四つの自己決定」と「学びを一緒に楽しむ」の頁で，二つめ，三つめのポイントは「こどもを本気で見取る」の頁で，詳しく書かせていただきました，併せて御覧ください。

　いずれも，授業前に考えておくことはよいことですし，授業中に臨機応変に行うこともあると思います。どちらか一方ではなく，ここでも行ったり来たりをバランスよく行うということを大切にしてほしいと思います。また，誠実に関わることが，こどもを尊重することにもつながります。迷ったり，よく分からなかったりしたら，ぜひこどもに質問してください。自分も一緒に楽しんで，一緒につくっていきましょう！

〉〉 四つの自己決定ができるように「ゆだねる」

　四つとは「方法」「相手」「時間」「課題」のことです。これまでの授業では，この四つを先生が決めることが多く見られました。しかし，この四つを自己決定できるように「ゆだねる」ことで，こどもたちは自律的に学んでいくようになるのです。

　これは「自分らしく学ぶ」ことに直接つながるものです。いきなり全てを「ゆだねる」のが心配な方もいると思います。それなら，できそうなところから始めていきましょう。「自分から」「主体的に」「自律的に」といった，こどもが「自分らしく」進んでいくことを願って，まず何かを「ゆだねて」みましょう。

　きっと，こどもたちの素敵な姿があふれてきますよ！

方法を決められるようにゆだねよう！

　私はここから「ゆだねる」を始めることが，やりやすいのではないかと思います。理由は目の前に具体的な何かがあるからです。実際に国語の授業で見られたこどもたちの自己決定を例として示します。

・・・

　〇マスのノート，罫線のノート，白紙のノートのどれを使うのかを決める。
　〇ノートに書くのか，１人１台端末に書くのかを決める。
　〇大きな画用紙にまとめるのか，小さなカードにまとめるのかを決める。

・・・

　書くときに何を使うのかという自己決定だけでもたくさんのものが出てきます。鉛筆なのかペンなのかということも考えたら，もっともっといろいろな学びが生まれます。ワクワクしてきますよね！

　１人１台端末の導入も自己決定の幅を広げてくれたと思います。

○文書作成アプリ，プレゼンテーションアプリ，などの端末内のどのツールを
　使うのかを決める。

　こどもたちは，こちらの想像を超える自己決定をたくさん生み出します。
具体と抽象を往還するために OneNote（Microsoft）を使っている子を見た
ときは驚きました。友達にすすめられて使ってみたら，とても便利なことに
気付き，よりよい使い方を自分で探したそうです。なんて素敵な姿なんでしょ
う！　ただ，意図せずして決めたことがうまくいくということもあるので，
先生方は，その価値を伝えてほしいと思います。
　価値を伝えるという点では，アウトプットの方法を自己決定する際が，伝
えやすいと感じます。

○音読劇をすることを決める。
　→登場人物になりきることができるから，気持ちを想像しやすいよね。
○お話の続きを書くことを決める。
　→続きを書けるってことは，お話の内容がちゃんと分かっている証拠だね。
　　そこに自分の想像を加えるなんて，とてもいいアイデアだね。
○お話の紹介カードを書くことを決める。
　→お話の内容を分かりやすく伝えるだけでなく，自分の考えも一緒に伝える
　　ことができる方法だね。

　これらは，同じ物語を読んだ子たちが自己決定したアウトプットの方法で
す。言語活動とも言えるでしょうか。価値付けることが，わざとらしくなる
と，こどもたちはすぐに見抜きます。本当によいと思ったことを伝えること
が大切です。逆に，もう少しと思ったならば，それも誠実に伝えることが大
切ですね。加えて，価値付けてもらうことがこどもの目的にならないように
気を付けてください。価値付けることで，今後のよりよい自己決定につなげ

ていくことが目的です。これも，こどもと共有してもいいかもしれませんね。

　場所・空間を決めることも方法を「ゆだねる」こととして，こどもたちと共有しています。

....

○4人で話し合いたいから，広いスペースに移動することを決める。
○1冊の図鑑を共有したいから，机を並べることを決める。
○集中して取り組みたいから，静かなスペースに移ることを決める。
○物語の場面と同じようなところで読みたいから，外の木の下で読むことを決める。

....

　安全に留意することは大前提ですが，その子が学びたいと思う場所や空間を尊重したいと思っています。みなさんも学びやすい場所をもっているのではないでしょうか。それだけで学びを効果的に進めることができるなら，ぜひ取り組みたいところですね。

　また，人数を考えることも方法を決めることの一つであると捉えています。場所を決める上で，大きなポイントになりますね。場所と人数をセットで決める方が，自己決定しやすいという子も多いようです。

　ちなみに，何人で学ぶのかを決めることは，方法だけではなく相手を自己決定することとも捉えられます。ただ，今回は人数を「方法」とし，「この人と学ぶ」という自己決定を「相手」としました。

相手を決められるようにゆだねよう！

　学ぶ相手を自己決定するということは，自分なりの理由をもって他者に関わることです。もちろん何となく関わることもあるでしょう。うまく言語化できないけれど，この人と関わりたいという思いをもったことが，みなさんもあるのではないでしょうか。そのような「なんかいい」という部分も大切にしつつ，「こういう理由でいい」という明確なものをもった関わりも大切

にしていってほしいです。明確であれば，次のときに自分で自己決定しやすくなるからです。

　自分なりの理由をもつため，自分から関わろうとするためには，他者と学ぶことの価値をこどもたちから引き出したり，先生が伝えたりする必要があります。他者と学ぶ価値とは，例えばどんなことでしょうか。

○相手のことを知ることができる。
　「そんなことを考えてたんだ」
　「たしかに○○をいつもやっているから，そう考えたんだね」
○自分のことを見つめ直すことができる。
　「自分には思いつかなかった考えだな」
　「自分と比べると○○の部分が似ているな」
　「自分とは違うから，納得できない部分もあるな」

→その両方があるから，自分の中の地図を広げることができる。

　伝え方は，御自身の「らしさ」を出していただければと思うのですが，ここでもやはり「自分」という視点と「相手」という視点が出てきます。そして，どちらか一方ではなく，その両方が大切だということを伝えていきたいですね。そして，自分の成長につながっていくところまで。

　私は，他者と学ぶ価値について「新しい考えが増える」というような具体的な表現は使いません。理由は，こどもたちが伝えてくれるからです。それらの言葉をまとめていくと，「相手のこと」「自分のこと」という抽象的な言葉になっていくので，それを伝えています。

　「自分の中の地図」という表現は，私の地図を広げて，つなげてくれた友人からもらった言葉です。自分の成長をイメージできるように，この表現を使っています。

　ちなみに，学ぶ相手を自己決定するということは，心理的安全性と深く関

わっています。御自身が関わっているクラスを想像してみてください。「誰と学ぶのか決めてみよう」と伝えたら，こどもたちはどのような自己決定をするでしょうか。

　きっと，仲良しの子と一緒に学ぼうとすると思います。これは当然のことですね。なぜなら心理的安全性があるからです。ただ，これがずっと変わらないのだとすると心配です。いろいろな子と学んだ方が，地図が広がることは明らかです。私は，いろいろな子と学ぶことを自己決定できるように，例えば以下のようなことを行ってきました。

....

○毎週，席替えをする。
　→繰り返し行うことで，より多くの子と対話する機会が生まれ，相手のことを知ることができます。
　「それが楽しみで，毎週に学校に行きたくなるよ」
　「あの子と隣になりたいって思っていたけど，何度も席替えしているから，今はどの子の隣でもいいって思うよ」
　そんな声をこどもから聞くと，本当にうれしくなりますね。
○自分だけのマイ掲示板をつくる。
　→アメリカのスクールドラマを見ていたときに，自分のロッカーを個性的に使っていることが素敵だと感じました。「バンド募集」とか「寄付お願いします」のように，自分が伝えたいことを伝えていたのです。ロッカーに扉がないため，そのまま真似することはできませんでしたが，教室の壁に，Ａ４サイズのスペースを全員分設け，そこに自分の伝えたいことを自分のタイミングで掲示するということを行いました。恐竜のことだけを伝える子，拾った石を伝える子，習い事について伝える子，係活動の発表を宣伝する子など，個性あふれる掲示板ができました。そして，「これ私も好きだよ」「どうやってつくったの？　つくり方を教えて」という自分から関わる姿が見られるようになりました。
○友達どうしのインタビュータイムを設ける。

→帰りの会や休み時間など，ちょっと時間のあるときに行いました。席替え
をしたり，掲示板をつくったりしても，全員が話しかけられるわけではあ
りません。ですから意図的に機会を設けることも大切です。毎週席替えと
セットで行ったときは，より効果的だったと感じました。

・・

　このような取組によって，相手を知る機会が増え，安心して関わることの
できる友達が増えていきました。タマゴが先か，ニワトリが先かではないで
すが，相手を知ることで自分から関われるようになり，自分から関わるから
相手を知ることができます。そのきっかけとして先生が環境を整えることは，
素敵なことだと思っています。

　こうした取組と，価値を伝えることを通して，「このときは，この子と関
わろう」という姿が見られるようになりました。

・・

　○パソコンが得意なAさんと一緒に学ぶことを決める。
　○たくさん読書をしているBさんに考えを聞きに行くことを決める。

・・

　このような具体的で，得意なことが学習内容と直結するような自己決定も
ありますし，

・・

　○「そうだね」って優しく聞いてくれるCさんと学ぶことを決める。
　○最近お話ししてないから，Dさんと話すことを決める。

・・

のように，その日の学習内容とは直接つながらないように見えて，大きく捉
えたら大切な自己決定だったということもあります。こどもたちとの対話
（記述も含む）をとおして，自分なりの理由をもって関わっているかどうか
を引き出していきましょう。繰り返しになりますが，「理由はうまく言えな
いけれど，なんとなく一緒にいると安心する」といった，明確に言語化でき

ない理由をもつ子も尊重してください。いつか分かるかもしれませんし，分からなくてもそう感じていることは素晴らしいことです。

　すぐにできることではないかもしれませんが，だからこそ「ゆだねて」，学ぶ相手を自己決定できるようにしていきたいですね。

時間を決められるようにゆだねよう！

　学習指導要領にある「主体的に学習に取り組む態度」には「自らの学習を調整しようという側面」（以降「学習調整」）があるとされています。ここまでに説明した「方法」や「相手」を自己決定することは，まさに学習調整と言えます。加えて，「時間」を自己決定することは，こどもが自ら学習調整をする上で，特に大切なことだと考えています。

　ですが，こどもたちが「時間」を自己決定できるように，先生が「ゆだねる」ことは，なかなか高いハードルと言えます。なぜなら学校における「時間」というものは，かなり詳細に決められているからです。

　そこで，学校にはどのような「時間」の枠があるのか，考えることにしました。後述する「自由進度学習の三つのパターン」や「実践例」についても，この「時間」の枠というものをベースに考えました。併せて御覧ください。

　「時間」の枠を考えてみると，1日，1週，1か月，1学期，1年という見方もできますし，45分，週何時間，月何時間，年間授業時数という見方もできます。ここでは，国語の授業について，私がどのような枠で捉えたのかを説明します。

　一つめは，1単位時間という枠です。つまり1時間分の授業時間です。この枠で捉えると，例えば以下のようなことを「ゆだねて」自己決定できるようにすることができます。

....

○書く時間を□分，書いたものを共有する時間を□分のように，どの活動を何

分行うのかを決める。

○振り返りを□時□分から行うので，それまでの時間をどのように使うのかを決める。これには，「方法」や「相手」の自己決定も関わってくる。

･･

　振り返ってみると，タイマーをセットして「10分間は１人で考えましょう。タイマーがなったら，５分間は隣の人と話し合いましょう」といった「ゆだねる」と反対の授業ばかりだったと反省しています。先生が「時間」をコントロールする場面もありますが，それだけを行っていたら自分で調整する力が付くはずもありません。

　これらは，すぐにでもできそうな「時間」を「ゆだねる」例です。ぜひ取り組んでほしいと思います。

　二つめは，１単元という枠です。「単元の指導事項を焦点化する」ということをよく聞きます。つまり「この単元を通して，どんな力を付けるのか，しぼっておこうね」ということです。この考えで授業を考えることと，１単元という枠で「時間」を「ゆだねる」ということは，親和性の高いものだと捉えています。

･･

○「引用したり，図表やグラフなどを用いたりして，自分の考えが伝わるように書き表し方を工夫する」力を付けるために，情報の収集に□時間，構成の検討に□時間，記述に□時間をかけて新聞をつくることを決める。

･･

　例えば上記のような場合，引用したり図表やグラフなどを用いたりするためには，当然それらの情報を集めるための時間が必要です。ですが，集める時間がどのくらいかかるのか，それらを整理して書く時間がどのくらいかかるのかは，こどもによって異なります。「３時間目までは調べます。４時間目から書き始めましょう」のような説明を，「時間」の自己決定の例として示すならばいいのですが，全員にその時間配分を課すことは難しいというの

が私の考えです。それよりも，その子に合ったペースで学び，そのペースを自分で決められることの方が望ましいと考えています。

　この単元という枠で「ゆだねる」ことも，授業では取り組みやすいものです。ぜひチャレンジしてみてください。

　三つめは，１学期（１年）という枠です。教科書が上下巻に分かれている学年と１冊になっている学年があるので，学期なのか年なのかの違いがあります。

　この枠で「ゆだねる」ことは，なかなか大変です。どのように実現したのかは，「完全自由進度学習」という頁に詳しく示してあります。その前に，前提として私が恵まれていたと思うことは，単元のテストを実施せず，期末テストを実施する小学校に勤務しているということです。

　単元テストが悪いということではありません。ただ，これまでの私は，そのテストの問題に答えることができるように，単元をとおして教材の内容を教える授業を行ってきました。コンピテンシー（資質・能力）ベースどころか，コンテンツ（内容）ベースになっていたということです。

　期末テストを実施するシステムだったことで，大きな視野で授業を捉えることができました。また，単元テストを実施しないことから，テストに合わせてペースをそろえる必要もありません。結果，１学期（１年）という大きな「時間」の枠で「ゆだねる」ことができたのです。

　こうした「時間」の枠をどこまで広げるのかは，こどもだけでなく他の先生方や保護者の方の理解も必要になります。１学期は，１単位時間の枠で，２学期は単元，３学期は学期のように，段階的に「ゆだねる」枠を広げていくこともできます。こどもや周囲の方との対話をとおして，よりよい枠を考えていきたいですね。

課題を決められるようにゆだねよう！

　自分の課題をもつ，ということが大切であることは明らかです。なぜなら，課題を自己決定することが，これまでの三つの自己決定を大きく支える「やる気」を生み出すからです。

　「やる気」と似ている言葉はたくさんあります。「意欲」「モチベーション」などがそうです。それらを生み出し，「主体的に学習に取り組む」ためには，「課題」を自己決定できるように「ゆだねる」ことが欠かすことができません。ですが，「ゆだねたつもりだけれど，実は先生が統制（コントロール）していた」という授業が，まだまだ多く行われています。それくらい「課題」を「ゆだねる」ということは難しいことなのです。

　では，なぜ「課題」を「ゆだねる」ことが難しいのでしょうか。これは私の推測でしかないのですが，おそらく先生方が一生懸命で，こどもたちを導くことに強い責任感をもっているからだと思います。ですが，その一生懸命な部分が，知らず知らずのうちに，こどもへの統制になっていることも多いのです。

　「方法」や「相手」を自己決定できるように「ゆだねる」ことをしても，「課題」を先生が決めてしまえば，授業が大きく外れることはない。これは昔の私の考えです。ですが，外れるという言葉の裏には「先生の敷いたレールから」という言葉が隠れています。この「敷いたレールから外れないように」という思いは，統制となってそのままこどもたちに返っていきます。

　ですから，こどもに「教え」「導く」のではなく，「ゆだね」「学ぶ」ことができるよう最善を尽くすことに強い責任感をもちたいですね。

　そもそも，「課題」を「自己決定」するとはどういうことなのでしょうか。「課題」を自己決定するとは，「やりたいこと」と「やるべきこと」を見付けて，そこに向かって学んでいくこと，と私は理解しています。

「やりたいこと」とは「疑問に思ったこと」「好きなこと」など，自分の気持ちにまっすぐなことだと捉えています。

　「やるべきこと」とは「これは将来のここにつながる」「自分がこれをやることで，みんなが助かる」のような，自分を俯瞰的に捉えることで見えてくるものだと考えます。

　この「やりたい」と「やるべき」の両方を含む課題が，よりよい課題だと私は考えます。どちらに軸足を置くのかは人によって異なりますから，自分らしいグラデーションがあって当然です。ですが，どちらか一方ということになると，よりよい学びとは言えません。

　「やりたい」だけになると，粘り強く取り組むことができなかったり，せっかく取り組んだことが独りよがりのように思われて終わったりすることがあります。「やるべき」だけになると，ワクワクする気持ちが高まらず，「やらされる」に陥ることがあります。両方を大切にすることで，よりよい一歩を踏み出すことができるのです。

　これまでの私は「やるべき」に軸足を置き，こどもたちを「やらされる」という気持ちにさせてしまっていたと思います。そこで，迷ったら「やりたい」に軸足を置くようにしています。「やりたい」ことだけを粘り強くやり続けた人もいますし，世界中の人とつながることのできる現在ならば，そのよさに気付いてくれる人に出会える可能性も増えるでしょう。ですから，「やりたい」と「やるべき」の両方を大切にし，その子にあったスタートがあることが前提ですが，迷ったときには，まず「やりたい」という気持ちからスタートしてほしいと思っています。

　「課題」の自己決定としては，以下のような例があります。

・・

　○「私は電車が好きだから，電車を知らない人に魅力を伝えよう」という課題
　　を決める。（やりたいこと）

「電車について調べた事実と自分の考えを区別して，自分の考えが伝わるようにしよう」という課題を決める。（やるべきこと）
○「この前テストの振り返りをしたときに，読む力に課題があると分かったから，それを克服したい」という課題を決める。（やるべきこと）
「私は□□という小説が好きだから，この本の登場人物に着目して読もう」という課題を決める。（やりたいこと）

:::

　これを見ると「やるべきこと」は他者が価値付けることもできると分かります。いずれにしても，「やりたい」と「やるべき」の両方を兼ねた「課題」であることを，こどもたちに実感できるようにしたいですね。

　また，学習指導要領にある「主体的に学習に取り組む態度」には「粘り強い取組を行おうとする側面」（以降「粘り強さ」）があるとされています。「課題」を自己決定することは，「粘り強さ」に深く関わっています。

　単元が終わった後，その単元のことをこどもたちがすっかり忘れてしまうということが過去にありました。その単元の中では，「粘り強く」取り組んでいるように見えた子も忘れていました。これは，私が「課題」を設定したために，「やらされている」授業になってしまったことが大きな原因であると考えます。そもそも本当の意味で「粘り強く」取り組んでいたわけではなく，きっと「我慢強く」取り組んでいたのでしょう。それでは，終わった後に残るのは満足感や充実感よりも解放感の方が強くなるはずです。すっかり忘れてしまうわけですね。

　自分からとりにいったものは，本物として手に残ります。こどものことを思うならば「課題」を「ゆだねる」こと，「課題」を自己決定できるように支えることにチャレンジしてほしいと思います。

　そんなに「ゆだねる」ことを進めると，みんなが違うことを行うようになり，見取ることができず，評価もできないのではないか，という声をいただ

くことがあります。これも責任感の強さ故なのでしょう。

　たしかにそうかもしれません。ですが，こどもたちは評価のために取り組んでいるわけではありません。それは，こちらの都合です。こどもたちを尊重することは土台にあることですので，評価しにくいという理由で活動を統制しない方がいいと考えます。

　そもそも，こどもたちが異なる学びをしていても評価することはできます。こちらは，「『ゆだねる』授業での先生の役割」の頁を御覧ください。

　ここまで四つの自己決定ができるように「ゆだねる」ことについて書いてきました。ただ，ケースバイケースだということを忘れないでください。先生としてこだわりをもって，ここはゆだねるのではなく，みんなに取り組んでほしいということがあるなら，それも大切です。

　そのときは，一方的に押し付けたり，それに取り組むことが当然のように進めたりしないでほしいと思います。そのかわり，「ここは，自分で決めて学んでいこう。でもここは先生のゆずれないポイントだから，みんなにもやってほしいと思います」という熱量をもって，こだわりの部分を誠実に伝えてほしいと思います。

　それは一緒に学びをつくっているということだと思いますし，こどもにとっては，先生の「あなたらしく」を受け入れるということになります。それも素敵な学びの一つになっていきますね。

　このテーマの最後に，この「四つの自己決定」ができるように「ゆだねる」授業を行ってみて思うことを二つ記します。

　一つめは，どれも「ゆだねない」授業は存在しないということです。

　こどもたちの実態によって，先生の個性によって，学習する内容によって，授業は変わります。様々な理由によって変わる授業は，一つとして同じものはありません。ですが，箸の上げ下げまで決まっているような，何も「ゆだ

ねない」という授業は，どんな授業であれ起こり得ないのではないでしょうか。

　つまり，私たちはこれまでも「ゆだねる」ということを行ってきたということです。少し楽になった気がしませんか。

　二つめは，できそうなところから「ゆだねる」ことを始めてほしいのですが，四つ全てを「ゆだねた」ときが，最もモチベーション高く学ぶときだということです。

　全ての授業で，いきなり四つを「ゆだねる」ことは抵抗があるかもしれません。まずは，できそうなところ，「ゆだねやすそう」なところから始めてみてください。そして，こどもたちの高いモチベーションを感じてください。それが，こどもにとっても先生にとっても素敵な成功体験になります。なんだかワクワクしてきませんか。早速「ゆだねる」つもりで授業を考えてみましょう。

　こどもを信じて「ゆだねる」ことは，本気でこどもの将来のことを考えるならば欠かすことはできません。そのときの視点として，この四つが参考になれば幸いです。ぜひ取り組んでみてください。

〉〉 個別最適な学びと協働的な学びとの関連

　「『令和の日本型学校教育』の構築を目指して〜全ての子供たちの可能性を引き出す，個別最適な学びと，協働的な学びの実現〜」について中教審答申で示されたのが令和3年1月26日。いろいろな場面で目にすることが多くなり，広く浸透していることが分かります。答申には以下のように記されています。（抜粋）

①　個別最適な学び

「個に応じた指導」（指導の個別化と学習の個性化）を学習者の視点から整理した概念

「個別最適な学び」が進められるよう，これまで以上に子供の成長やつまずき，悩みなどの理解に努め，個々の興味・関心・意欲等を踏まえてきめ細かく指導・支援することや，子供が自らの学習の状況を把握し，主体的に学習を調整することができるよう促していくことが求められる

②　協働的な学び

「個別最適な学び」が「孤立した学び」に陥らないよう，探究的な学習や体験活動等を通じ，子供同士で，あるいは多様な他者と協働しながら，他者を価値ある存在として尊重し，様々な社会的な変化を乗り越え，持続可能な社会の創り手となることができるよう，必要な資質・能力を育成する「協働的な学び」を充実することも重要集団の中で個が埋没してしまうことのないよう，一人一人のよい点や可能性を生かすことで，異なる考え方が組み合わさり，よりよい学びを生み出す

　まず，個別最適な学びについて，「学習者の視点から整理した」という点が特筆すべきところです。先生側の視点ではなく，こどもの視点で見ること

で，授業への考え方が大きく変わると思います。冒頭にも「学びとは，こどもが自律的に行うもの」「こどもへのリスペクトを忘れない」と述べましたが，これは「こどもの視点に立ったときの先生の姿勢」ということです。改めて，学びの中心がこどもであることを確認できますね。

「子供が自らの学習の状況を把握し，主体的に学習を調整することができるよう促していくこと」という記述の後半部分が，まさに「ゆだねる」ということです（前半については，「こどもを本気で見取る」の頁で示します）。先生がレールを敷いたままでは，いつまでたっても主体的に学習を調整することはできないでしょう。繰り返しになりますが，こどもを信じて「ゆだねる」ことの大切さが，ここからも分かると思います。

協働的な学びについては，「相手」を自己決定できるように「ゆだねる」ことが直結します。「他者を価値ある存在として尊重し」ということは，心理的安全性につながり，「相手」の自己決定がよりよいものになっていきます。「一人一人のよい点や可能性を生かすことで，異なる考え方が組み合わさり，よりよい学びを生み出す」ということは，「相手」を自己決定する際に，先生が伝えるべき価値そのものです。そして，こどもに実感してほしいことでもあります。

このように，「ゆだねる」という学びと「個別最適な学びと，協働的な学び」は深く関連していると言えます。このような学びが求められる背景についても答申の中で述べられています。もはや，先生による知識の伝達だけでは立ち行かない社会になっているということです。そこで，これまでの先生方の努力や技術はそのままに，先生方の姿勢を少し変えてみては，という提案をしたいという思いで本書を書いています。先生方の心に届けばうれしく思います。

また，「『令和の日本型学校教育』の構築に向けた今後の方向性」として

一斉授業か個別学習か，履修主義か修得主義か，デジタルかアナログ
　か，遠隔・オンラインか対面・オフラインかといった「二項対立」の陥
　穽に陥らず，教育の質の向上のために，発達の段階や学習場面等により，
　どちらの良さも適切に組み合わせて生かしていく

ということが述べられています。「二項対立ではなく，どちらの良さも生か
していく」ということは，予測困難な社会において極めて重要な考え方だと
思います。AかBかはっきり決められないことも多々あるわけですから，本
書でも述べたように，行ったり来たりしながらバランスよく学んでいくこと
が大切なのです。
　私も，クラス全体へは「ゆだねる」ことを前提として，個によっては「導
く」ことを意識して関わることもあります。「これしかない」と思い込んで
しまうと，そこで成長は止まってしまいます。「これだ」というものを軸に，
バランスよく取り組んでいきたいですね。

　こう考えると先生は大変です（大変ではない仕事などないと思いますが）。
しかし，答申には「教職員の姿」としてこのような記述もあります。

　　学校教育を取り巻く環境の変化を前向きに受け止め，教職生涯を通じ
　て学び続け，子供一人一人の学びを最大限に引き出し，主体的な学びを
　支援する伴走者としての役割を果たしている

　これを読んだとき「本当にそのとおりだな」と思いました。新しいことが
始まると，それを楽しむ先生。いくつになっても学び続け，御自身をアップ
デートしている先生。こども一人一人をきめ細やかに見取っている先生。こ
どもを尊重し，こどもに寄り添いながら一緒に学びをつくっている先生。
　尊敬する先生を想像したとき，ここにあるような「教職員の姿」が浮かん

できました。みなさんの周りにも，きっとそのような先生がいるのではないでしょうか。私も，そんな先生方に近付けるように努め，「大変だけれど，それ以上にやりがいのある仕事だ」ということを，胸を張って伝えていきたいと思います。

　そして，私たち先生が，努力し学び続けた先に

> 　一人一人の児童生徒が，自分のよさや可能性を認識するとともに，あらゆる他者を価値のある存在として尊重し，多様な人々と協働しながら様々な社会的変化を乗り越え，豊かな人生を切り拓き，持続可能な社会の創り手となることができる

というこどもたちの姿があるのです（こちらも答申からの引用です）。私たちの仕事は，こどもたちが自由に生きることができるようにすることと同時に，未来をつくることでもあるのです。

　次頁からは，「ゆだねる」授業を行う際に，先生にどのような役割があるのかということを述べていきます。御覧いただくと，特別変わったことはなく，当たり前だなと感じる部分も多いかと思います。だからこそ，「ゆだねる」ということにチャレンジしてください。できそうなところから，まずは一歩です。

2 「ゆだねる」授業での先生の役割

〉〉 安心できる環境をつくる

　安心できる環境をつくるということは，心理的安全性を生み出すということです。まずは，心理的に安全ではない環境について想像してみてください。

....

　○発表したら笑われるかもしれない。
　○がんばって答えても，「違う」と否定されるかもしれない。
　○いつもと違うことをやったら，先生に怒られるかもしれない。

....

　このような「チャレンジしたのにマイナスなことが起こる・起こることを想像する」状況は，心理的に安全ではないと言えます。ということは，このような状況にならないようにすることが，心理的安全性を生み出すということになります。私は，このようなサイクルを意識しています。

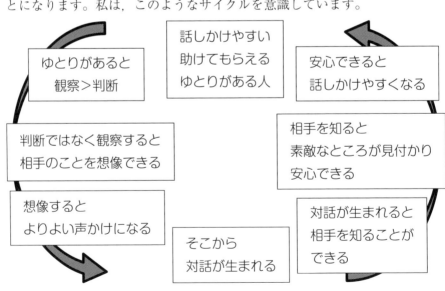

安心できる環境が土台にあるから，よりよい学びをつくることができるということ。そのような環境を生み出すために，このサイクルをグルグル回していくこと。これを私自身が意識するのと同時に，こどもたちとも共有しています。

　さらに「ゆとりがある人」に欠かすことができないのは「心身の健康」であること。「観察」「想像」するときに欠かすことができないのは「コンパッション（共感を超えた叡智ある思いやり）」があること（『21世紀の教育』ダニエル・ゴールマン／ピーター・センゲ著，井上英之監訳，下向依梨解説，ダイヤモンド社，2022年）。「素敵なところが見付かる」と「尊敬する気持ち」が生まれること。なども共有しています。これは国語の授業だけでなく，全てにおいて大切であり，つながっているということも伝えていきます。

　こどもたちの実態に合わせて伝え方を変える必要はありますが，継続して伝え続け，先生自身が実践し続けることで，じわじわと広がっていきます。安心できる環境は，すぐにできるものではありませんが，継続することで必ずつくることができます。もちろん，こどもたちと一緒につくっていくのですが，まずは先生の役割として実践してみましょう。

〉〉 こどもを本気で見取る

　こどもを見取るということは，とても難しいことです。そもそも他者を見取るなんてことはできないのかもしれません。ですが，見取ろうとすることはできます。何度も何度も観察・想像・対話を繰り返して，きっとこの子はこんな子だろう，ということを見取っていくのです。

　この「繰り返し」行うという点を「本気」と表現しました。繰り返し関わることで，「本気」はこどもに伝わります。「この先生は，私をしっかり見てくれる」と感じてくれるはずです。結果，こどもの方から「先生，聞いてください。先生，見てください」と声をかけてくれるようになるのです。

　その関係を目指して，こどもを見取るために私が取り組んでいることは，大きく三つあります。

一つめは，こどもの振り返りを分析することです。分析といっても難しいことをするわけではありません。「この子は，なぜ学んでいるのかな」「どのように学んでいるのかな」「何を学んだのかな」という3観点で見るということです。

　「なぜ学んでいるのか」という観点は，学ぶ目的や動機を見取っています。こどもは振り返りのたびに，自分に学ぶ理由を問うのです。

　「どのように学んでいるのか」という観点は，四つの自己決定と関連付いています。こどもたちは，自己決定できたかどうかという自分の学びのプロセスを振り返り，それを見取っています。

　「何を学んだのか」という観点は，国語の指導事項の定着を見取っています。こどもが，どのような力が付いたと自覚しているのか。私は，その子に力が付いたと感じているのか。ここをすり合せて，次の時間の言葉がけに生かすようにしています。

　振り返りは，毎時間ではなく適宜行うようにしています。1単位時間の自由進度学習の場合は，特に「ゆだねた」という場合に必ず振り返りを行いました。単元の自由進度学習の場合は，その単元が終わるタイミングで振り返り，完全自由進度学習では，毎週月曜日に振り返りを行いました。適宜行う理由は，振り返りの形骸化を避け，振り返るからには必ず本音を書いてほしいと思ったからです。本音を書くからこそ見取りにつながっていきます。これは毎回必ず伝えるようにしています。

　一方で，自分のタイミングで振り返ることも推奨しています。ゆくゆくは，自分のタイミングで振り返りのできる人になってほしいからです。適宜行う理由は，振り返りの価値を感じてほしいという意図もあるのです。

　振り返りの具体については，後半の実践（進め方）の頁を御覧ください。

　こどもを見取るために取り組んでいることの二つめは，テストを行うことです。テストは，自分がどのくらい理解しているのかを数値で見ることのできる便利なものです。それを生かさない手はありません。ですが，点数で見

取るということではありません。テストが返ってくると、こどもは自分で分析を行います。分析する理由は、今の自分を知るためです。「私はここが苦手なんだな」と捉えたり、「ここがよくできたのは、○○をがんばったからかな」と理由まで考えたりすることで、点数の向こう側にある自分自身を考えることになるのです。

　その分析を踏まえて、私と１対１の対話を行います。ここからが本当の見取りです。

Ｔ：今回のテストを分析して、今思うことを教えてくれる？
Ｃ：すごく悔しいです。
Ｔ：どうして悔しい気持ちになったのかな？
Ｃ：「読むこと」をがんばってきたけれど、結果がよくなかったからです。
　　やっても無駄なのかなって思ってしまって。
Ｔ：やってきたことが無駄になることは絶対にないよ。でもここでやめてしまったら本当に無駄になってしまうかもしれないから、もう少し続けてみたらどうかな。この後どうしたい？
Ｃ：「読むこと」ができるようになりたい。
Ｔ：じゃあ、がんばることを続けよう！　今回のテストを一緒に見てみようか。ここが間違っているということは、○○の力が付いていないということだと私は思うよ。
Ｃ：それは大丈夫だと思っていました。できていると。
Ｔ：ということは、○○の力を付けるために…。

　実際は、ここまでスムーズにいくことは稀ですが、テストを通して自分がどんなことを思ったのか、これからどうなっていきたいのかを対話によって見取ることは毎回心がけています。

　テストは先生が点数によって評価するものではなく、こどもが点数によって一喜一憂するものでもないと私は思います。貴重な対話を生み出すものと

して見取りに活用してみてください。

　そして，三つめは，授業内の観察と対話です。やっぱりかと思った方もいるかもしれません。これが最も重要な見取りであると考えます。

　私が振り返りを見取るのは，授業の時間外です。テストも同様です。ですから，授業内の見取りを欠かすことはできません。私は，こどもたちに「ゆだねた」後，ずっとウロウロしています。

　まずは，少し離れたところから見るようにしています。誰と関わっているか，どんな表情の子が多いかなど，離れるからこそ全体が見えるのです。次に，こどもに近付いて，ノートやパソコン内の記述を見たり，対話の内容を聞いたりします。これを行ったり来たりすることで，木を見て森を見ずということに陥らず，いろいろな角度からこどもを見ることができるのです。

　私はノートを集めることをしません。授業時間内で見ることが大切だと思っているからです。授業時間内であれば，見ていて分からないことがあったとしても，直接話しかけて聞くことができます。「ゆだねて」いるからこそ，こどもを見ることと，そこから生まれる対話に全力を注ぐことができるのだと捉えています。

　授業時間内に見ることで，すぐにフィードバックをすることができます。振り返り後やテスト後とは異なり，時差のないフィードバックがとてもうれしいということを，こどもたちが教えてくれました。フィードバックの内容は，素敵だと思うところ，課題だと思うところなどを「私の考え」として誠実に伝えることです。ここで，上辺だけの褒め言葉を伝えてしまうと，こどもたちは気付きます。事実と感想を誠実に伝えるということは，常に大切にしたいですね。

　また，フィードバックにより価値を伝えることは，こどもたちが自己決定をする上で大切な判断材料になっていきます。教室内の大人として，もっているものを伝えることが，実は自己決定につながっていくのです。

　そして，私は授業後にメモを取ります。授業内は観察と対話に徹している

からです。授業後に，こどもの様子を思い出しながらメモを書くのですが，思っている以上に書くことができます。むしろ，整理して書けているほどです。もちろん思い出すことができない子もいますが，そのときは，次の時間に積極的に関わるようにすることで見取ることができます。

　この観察・対話にメモを加えたサイクルが，私の主たる見取りです。振り返りやテストの方法は異なっても，観察・対話・メモという取組は，どの先生，どのこどもに対しても効果的であると考えます。ぜひ取り組んでみてください。

〉〉 学びを一緒に楽しむ

　学びを一緒に楽しむということは，授業内と授業外の両方でできることです。「一緒に」とは「こどもと一緒に」という意味です。おそらく先生方は，こどもたちに授業を楽しんでほしいと思っているはずです。同時に，授業以外の場面でも，学びを楽しんでほしいと願っているのではないでしょうか。

「国語の時間にやった新聞づくりが楽しかったので，家でも新聞を読むようになりました。自分の新聞よりもたくさん工夫があって，毎日読むことが楽しいです」

　こんな言葉をもらったらうれしくて仕方ありません。先生冥利に尽きる瞬間ですね。こどもたちに，授業内でも授業外でも学びを楽しむことを願っているわけですから，私たち自身もそうでなくてはなりません。これが，こどもと一緒に授業の内外両方で学びを楽しむということです。

　私は，授業外で学びを楽しむことからスタートすることが多いです。
　まず「あの子は考えの形成の場面で困っていることが多いな」「あの子は共有の場面で輝いているな」といったように，こどもたちのことを想像します。次に，「どんな教材かな」ということを確かめます。具体的には，その

教材と相性のいい指導事項が，こどもたちの実態に合っているか，そもそも教材の魅力はどこか，などを確認します。そして，「あの子には，こんな言葉をかけよう」「あの子とあの子が関わったら，学びが広がるかな」「ここは，あの子にゆだねよう」と，もう一度こどもたちそれぞれのことを想像します。これが，授業外で私自身が学びを楽しむということであり，私にとっての教材研究でもあります。ここでも「こどもと教材」という，行ったり来たりが大切なのです。

　ただ，全部を先回りしてやっているわけではありません。30人以上のプランを完璧にもっておくなんて，到底時間が足りません。というか，想定していても超えてくるのがこどもたちです。ですから，おおよそのプランはもちながらも，こどもによって関わり方を変えることに取り組んでいます。

　続いて授業内で学びを楽しむことについてです。

　かつての私は，自分が思い描いていたとおりに授業が進むことを，楽しいと感じていました。ですが，授業は先生のものではありません。そう気付いた今は，こどもが楽しむこと，こどもがのめり込むこと，こどもが成長することを見取ることに楽しさを感じています。そのように考え方を改めると，想像の外側のこどもの姿も受け止められるようになりました。これは，想像以上に素敵な場合もあれば，想像以上にうまくいかないという場合もあります。これも見取って，その子にどんな関わり方をするのかを考えることが，私の授業内の学びであり，これがとても楽しいのです。

　「うまく関われなかったな」と思うことも多々あります。もし，足りないと感じたら，またそこから授業外の学びを楽しむようにしています。こうして学びをグルグル楽しみながら，私もこどもと一緒に成長しているのです。

　さらに進んでいくと，もう一緒に学んでいくことが自然になっていきます。こどもを見取るというより，「こどもと一緒に見えない何かを見ようとする」ような感じです。

「ここまでできてほしい」と思い，それを見取ろうとすると，つい出し惜しみしてしまうことがあります。こどもに気付いてほしいということですね。これは大切なことなのですが，そこまでで終わってはいけないということです。前述した「想像の外側」ということにも関連しますが，「そんなことを考えていたんだね。私は，こんなアイデアがあるよ。さあ，どんなことに挑戦しようか」という学びも大切なのではないかと考えています。これについては，『ジェネレーター』（市川力・井庭崇）を読んで深く納得しました。

> 　アドバイスすることだけに徹して学生自身が発想できるように促すというようなホールドはしない。アイデアが生まれなければメンバー（学生）と一緒に何日でも苦しみ抜く。「一緒に悩む」ということもジェネレーターとしての教員の大事な役割だと言えるだろう。
>
> 　こういう話をすると，決まって，「これでは学生がやったのではなく，先生がやってしまったことになりませんか」という質問をする人がいる。気持ちはわかるが，ともにつくるコラボレーションでは「誰が」は重要ではない。アイデア・発見が生成・連鎖することで，何かがつくられる。そこに貢献する人が，メンバーだったりジェネレーターだったりする。それだけだ。

　これは一部を引用したものですが，そのとおりだと思います。関わり方は常に同じではありませんが，学びをこどもと一緒に楽しむということに，とても近いと感じました。
　上から一方的に教えることが先生の役割ではありません。自分も学び，成長しながら，こどもと一緒に楽しむことが，先生の役割なのだと思います。

〈参考引用文献〉
市川力・井庭崇編著『ジェネレーター　学びと活動の生成』学事出版，2022年，pp.146〜147

3 自由進度学習の三つのパターン

　ここでは，私が考える自由進度学習についてお示しします。

　「自由」な「進度」ということですから，「自分らしいペース進んでいく」ということと私は解釈しています。では，どれくらいのスパンを自分らしいペースで進んでいくのか。それを三つのパターンに整理しました。

　自分らしいペースで進むためには，「時間」を自己決定できるように「ゆだねる」ことが大切です。しかし，やる気を保ち，より効果的に学んでいくためには，四つの自己決定が大切であることは既に述べたとおりです。この三つのパターンの中で，どんなことを自己決定できるように「ゆだねる」のか，と考えながら御覧いただければ幸いです。

〉〉 1単位時間の自由進度学習

　これは，すぐにでも始められるパターンです。1単位時間というスパンが，これまでの授業の進め方から移行しやすいからです。そして，どんなことを「ゆだねる」のか焦点化しやすいパターンでもあります。

　例えば，導入と終末の時間は学校として充実を図っている活動がある。そこで展開の中で，どのように学ぶのかという「方法」と「相手」に焦点を当て「ゆだねる」。といったことが考えられます。

　一方で，一つ一つの授業が点になってしまうというデメリットもあります。点になるとは，授業によって先生の「ゆだねる」ポイントが異なったり，仮にポイントが異なっていなくてもこどもにとって積み上がりにくかったりするなど，それぞれの授業がつながっていないようなイメージになることです。

　もし「相手」を自己決定できるようになってほしいと本気で願うならば，継続しなければ効果は薄くなってしまうでしょう。授業を1単位時間で捉えると，点になりやすくなるということを頭の中に入れておいて，先生は一つ一つの授業を線でつないでおくことが必要です。つまり，「やりやすいとこ

ろから始めていこう」という視点と,「今は全体の流れのどのあたりかな」という視点を行ったり来たりすることが大切ということですね。その両方があれば,とても取り組みやすく効果も高まるパターンだと思います。

》 単元内の自由進度学習

　単元内の自由進度学習は,1単位時間よりも,こどもに「ゆだねる」ことが広がるパターンです。また,単元における指導事項を明確にするという国語の授業で大切にされていることとの親和性も高いものです。

　例えば,10時間の読むこと(文学的文章教材)の単元のねらいを,精査・解釈にしぼったとします。第1時に,このねらいをこどもとの共通の言葉に置き換えて,ねらいを共有します。第6時に,どんな人物なのか共有するので,第2～5時に登場人物について読むことをします。共有ができたら,その人物について第7～9時までまとめ,第10時で共有と振り返り。というような流れが考えられます。

　ここでは,第2～5時の活動と第7～9時の活動が「ゆだねる」ポイントになっています。どんな登場人物なのか読み取り,自分の考えをまとめていくという過程を自己決定できるように「ゆだねる」ということですね。こどもには「自分に合った計画を立てる」という伝え方をしていますが,それは「方法」「相手」「時間」を自己決定しているということです。

　1単位時間との大きな違いは,自己決定できる「時間」が広がり,ゆとりが生まれるという点です。時間的なゆとりが生まれることで,複数の「方法」を試したり,いろいろな「相手」と関わったりすることが可能になります。学びの進度はこどもによって異なりますが,このゆとりによって自分らしい学びをつくっていくことが可能になるのです。

　デメリットとは言えませんが,こどもに自分の学びを調整する力がより求められるということが考えられます。6時間でいいと思う子,12時間やりたいと思う子,いろいろな子がいます。ここで先生が支援することも大切ですが,失敗することで調整することを学ぶという見方もできます。

C：今回は，6時間で納得できたから，そこから飽きてしまって何もやらなかったな。

C：10時間だと登場人物のことをまとめられなかったな。

　このような反省を経て，じゃあ次はどうしようかと一緒になって考えるということも先生にできることの一つです。こどもの実態に合わせて，先回りして先導するのか，隣で伴走するのか，少し離れて見守るのか，いろいろな関わりが考えられます。ですが，大切なのは，単元という広いスパンで「ゆだねる」ことで，こどもたちが自分の学びを調整し，よりよい自己決定ができるようになることです。時間はかかりますが，1単位時間のパターンよりも，さらにこどもたちが成長できるパターンと言えます。

〉〉完全自由進度学習

　ここでの完全自由進度とは，現在の学校のシステムの中で，でき得る限りこどもたちに「ゆだね」，四つの自己決定ができるようにすることです。

　完全自由進度学習を取り入れようと思ったきっかけは，コロナ禍における休校でした。このとき，学校が休校となることで，こどもたちの学びが止まることが危惧されました。「学びを止めるな」という言葉をよく耳にしたと思います。

　私は，「休校となることで，こどもの学びが止まるかもしれない」と思ってしまったことを反省しました。元々こどもは自分から学びたいと思っているはずなのに，それを信じ切れなかったこと。信じ切れていないということは，そういう授業になっていたということ。そして，自分で学びをつくっていけるように，授業を改めようと思いました。

　そこで，1年間の国語の授業について，こどもたちが自分で計画を立て学んでいけるようにしました。ここでは，国語の年間計画を簡易にしたものと，教科書の目次をヒントにできるよう用意しました。特に教科書は素晴らしい

もので，その単元でどんな力を付ければいいのか，ということが明記されていたり，学び方のモデルやデジタルコンテンツなどが充実していたりと，本当に学びをつくりやすいものであると思っています。

　こどもたちは，おおよその計画を立て１年間の学びをスタートします。その時々の自分の実態，興味関心，人間関係などを背景に，計画は適宜アップデートされていきます。アップデートは，定期的な振り返りの時間や，友達や先生との対話の時間を通して行われます。そのため，取り組んでいる内容は進むにつれて異なっていきます。

　教科書の教材が意図的に組まれ，その単元をその順番で学ぶことによる価値があることも，もちろん理解しています。ですから，その価値を伝えることは先生の役割だと思っています。一方で，それで縛ることが全てのこどものためになるかは分かりません。長い人生ということで考えれば，これをこの順番でこの時間をかけて進めていく，という学びは，ほとんど存在しないのではないでしょうか。ですから，より広くより多くのことを自己決定できるように「ゆだねる」のです。

　このパターンについて，私が感じたデメリットは，クラスに35人のこどもがいることのよさを生かしきれないということです。完全に自分の学びをつくっていくことになるので，個が際立つようになります。こちらのデメリットについては，私が意図的に活動を取り入れ解消しました。完全と言っておきながら矛盾しているようにも感じますが，これがよりよいものだと実感しています。具体的には，第４章を御覧ください。

　自由進度学習の三つのパターンについて簡単に紹介しましたが，どれもパターンにすぎません。私たち自身が学び続け，こどもたちのために，よりよいものを考えていきたいですね。

4 ここが知りたい！自由進度学習に関するQ&A

Q1 教科書をどのようにあつかうのですか？

A1 教科書は，こどもが学ぶための「ツール」としてあつかいます。

　「教科書を教える」これはいかにもコンテンツベースの考え方です。「私たちは『ごんぎつね』を教えているのではない。『ごんぎつね』を通して，国語の力を付けているのだ」と先輩に教えていただいたものです。そこで次のステップとして，「教科書で教える」ということに気付くことができました。コンピテンシーベースの考え方とも合致するものです。しかし，さらに気付いてしまいます。「教科書を教える」も「教科書で教える」も主語が先生だということに。これは大変なことです。「教師が教える」「こどもが教わる」という授業を令和の時代にやっている場合でありません。こどもを主語にしてもう一度考えると「教科書で学ぶ」となります。

　そう思って教科書を見てみましょう。先生が教えるためのツールではなく，こどもが学ぶためのツールとして見てみるのです。「なんて素晴らしいものなんだ！」と思いませんか。どんな力を付ける教材なのか，はっきり書かれています。新出漢字も分かりやすく書かれています。どのように学びを進めるのかというモデルも示されています。まさに「ゆだねる」ためにあるかのような素晴らしいものだと私は捉えています。

　もちろん，その素晴らしいツールをどのように生かすのか，こどもたちが初めから知っているわけではありません。それは先生が伝えるべきことです。ここで教科書の素晴らしさ，教科書の生かし方を伝えることができたら，思い切って「ゆだねる」ことができそうですね。

　先生たちが用意する自作の教材も素晴らしいものです。でも，まずは教科書を本気で読んで，教科書こそ最高の学びのツールであることをこどもたちに伝えることが大切だと私は思います。

Q2 身に付けたい力や言語活動等について，こどもが考える内容と先生が意図していた内容に違いがある場合はどうするのですか？

A2 観察し，対話し，必要ならば意図を伝えます。ですが，決めるのはこどもです。

　そもそも，違いがあることは素敵なことです。その子なりの理由があってのことだと思うので，「自分が思っていたのと違う」と先生自身が感じたらむしろいいことですね。

　危険でない限り，まずは観察です。「それをやってはいけません」と最初に言ってしまったら，こどものやる気は下がるでしょう。観察すると，こどもの意図が理解できたり，よりよいアイデアをもっていたりすることが分かります。すると違っていても何の問題もないことに気付けると思います。

　観察してもよく分からないときは，直接聞くことを大切にしています。質問をするときは「なぜ」を問うことが多いです。「どうしてそれに取り組んでいるの？」ということです。しかし，「今何をしているの？」とか「どんなところがおもしろい？」のような具体を質問する方が，答えやすい子もいます。そんなときは，対話を通してちょうどいい抽象度の階層を先生が伝えることもあるでしょう。

　観察や対話を通して，「これはもったいないな」と感じることもあると思います。その場合，明確な答えがあるものならば，「こっちだよ」と伝えます。自分が思っている方がいいなと思えば「私は，こちらがいいと思うよ」ということを誠実に伝えます。ただ，時間にゆとりがあるならば，切りのいいところまで見守り，そこで「どうだった？」と質問することもあります。「うまくいかなかった」となれば私の考えを伝えますし，「うまくいった」となったとしても，「よりよくするためには」と私の考えを伝えます。

　伝えるタイミングや伝え方は異なりますが，基本的には出し惜しみをすることなく私の意図を伝えるようにしています。ですが，それを押し付けるのではなく，決めるのはこどもということを忘れてはいけません。

Q3 やりたいことのある子にとっては，おもしろいと思いますが，そうでない子には，どう関わるのですか？

A3 やりたいことを見付けられるように関わります。ですが時間がかかります。

　やりたいことのない子も当然います。むしろ小学生のうちにやりたいことが見付かっている子が素晴らしいのです。時間をかけて見付けていくものだと思って，そのお手伝いをするつもりで関わっていきましょう。

　「将来につながるようなやりたいこと」は見付かっていなくても，「今」ということなら見付かることもあります。「楽しいことは？」「はまっていることは？」「好きなことは？」などの対話を通して引き出せるかもしれません。

　「今」ということでも見付からない場合は，少し角度を変えます。例えば，「困っていることは」「誰かのためになることは」「本当はできるようになりたいことは」のような「やりたい」ことではなく「やるべきこと」の方から考える方法です。他には，友達の「やりたいこと」を一緒にやってみるということもできます。そうしていくうちに，楽しさを感じて「やりたいこと」に変わっていくこともあるのです。

　「やりたいこと」が変わることもいいことです。いろいろな方向に「やりたい」アンテナを伸ばし，たくさんの経験を積んでほしいですね。そして，その伸ばしたアンテナの中から「これだ」と思うものに出会えば，それをさらに強く長く伸ばしていくようなイメージです。それまでに伸ばした他のアンテナも，当然つながっていきます。

　「これだ」と思うためには，やはり「本物」に出会うことがいいのではないでしょうか。「本物」と出会い心が動けば，きっと「やりたいこと」につながっていきますね。そう考えると，先生もこどもが出会う「本物」でありたいものです。先生自身が学び続け，自分の中に「本物」だと言えるものを見付けたいですね。

Q4 ◀ 無理にゆだねなくても先生主導でいいのではないですか？

A4 こどもが主であるべきだと思います。

　私は，先生主導の授業ではいけないと考えています。ここで言う先生主導とは，先生自身が中心にある授業のことです。ですから表面上どれほど「ゆだねる」ことをしていたとしても，先生中心ならば同じことです。逆に先生が教えることが多かったとしても，中心に「こどもが自分らしく学ぶ」という願いがあるならばいいのです。

　授業を見たり話したりして「この先生は自分が中心にあるな」と感じた先生の傾向は「プランどおり進むことが目的になっている」「自分のおかげでこどもが成長したと思っている」「注意することが多めになる」「私が担任のときは問題なかったんですよね，と言いがち」などが挙げられます。もちろん傾向ですので，当てはまっているとは限りませんが，かつての私がそうだったのでよく分かります。

　一方，こどもを中心に考えている先生は，当然こどもを尊重できますし，何より優しいです。

　この「先生が中心なのか，こどもが中心なのか」という違いは，授業だけでなく，朝の会，休み時間，給食など，あらゆる場面で言動に表れてきます。こどもへの影響が大きくなることは明らかです。改めて「自分はどうかな」と考えてみるのもいいかもしれません。

　ただし，気を付けなければならないのは，先生自身が自分を大切にするということです。こどもを中心に考えることができるのは，先生の心身の健康があってこそです。ここでも「先生自身」と「こども」という行ったり来たりが必要ということですね。

　「こどもが自分らしく学ぶ」ということを中心に，ときには「ここは先生が伝えるよ」と誠実に導こうとすることのバランスをとりながら，授業を行っていきたいですね。

Q5 どの学校でもできますか？

A5 できます！ どんどんやっていきましょう！

「ゆだねる」授業を公開するようになってから，「どの学校でもできますか」という御質問や「うちのクラスでは絶対できません」という言葉をいただく機会が増えました。ですがそんなことはありません。

きっと，謙遜されてのことだと思います。質問いただいた先生方に，全部を「ゆだねる」のではなく，どこから「ゆだねる」のかを考えてやっていくと取り組みやすいこと。私も少しずつ始めていったことを伝えると，「できそうです」「やってみます」と明るい表情で答えていただけます。さらに，「ゆだねる」ことが，先生の働き方を効率よくする効果もあると私は考えています。これは第3章でお伝えします。ですから，「ゆだねる」ことをぜひ取り入れてみましょう。

どんどんやっていきましょう！と言いながらも，気を付けることも当然あります。

まずは，自分の先生としての在り方を問い直すことです。Q4とも重なりますが，本気でこどもを中心に考えられるかどうか。それがないまま，「ゆだねる」という行為だけを取り入れても意味がありません。

次に，周囲の方との対話です。こどもとは授業の中で対話をすることが多々あると思います。それに加えて，同じ学校の先生との対話や保護者の方との対話なども考えられます。「ゆだねる」授業をぱっと見ただけですと，なかなかのカオスのようにも見えます。そこでいらぬ疑念を抱かれないように，日頃から対話をしておくことが大切です。

とはいえ，最後は「楽しかった」「またやりたい」「もっと知りたい」といった，こどもたちの表情や言葉が全てを解決してくれるような気もします。「ゆだねる」ことによって，こどもの様子は明らかに変わります。繰り返しになりますが，ぜひ取り入れてみてください。

1単位時間の
自由進度学習の進め方

1時間の授業で「ゆだねる」

第2章では，1時間の授業の中でどのように「ゆ
だねて」いくのか実践例を交えてお伝えします。
まずはここからチャレンジです！

1　1単位時間の自由進度学習のポイント

　いきなり「ゆだねる」と言われても，どのように始めたらいいのか迷う方もいるのではないでしょうか。ですが，まずはやってみることが大切です。小さなことからで構いません。「学びの主役はこども」という気持ちで「ゆだねる」ことができたなら，どんな小さなことでも必ずこどもたちの成長につながります。その小さなことの第一歩として，1単位時間のポイントをここで確認しましょう。

〉〉「方法」「相手」を自己決定できるように「ゆだねる」ことから始める

　「課題」と「時間」を「ゆだねる」前に，まずは「方法」と「相手」をこどもが自己決定できるように「ゆだねて」いきましょう。そのためには，逆のことをイメージすると分かりやすいのではないでしょうか。

　・隣の人と話合いをしましょう。
　・発表するときは，この紙に書きましょう。
　・3人グループをつくって，順番に発表しましょう。
　・司会の人は，司会者カードを読みながら話合いを進めましょう。

　これらは「ゆだねる」とは逆の活動です。もちろん，意図を伝えて行えば効果的な場面もあります。例えば「いつも話す人とは違う人と話すことで，今までと違った意見をもらえるかもしれません。だから，今日は先生が決めた3人グループで話合いをしましょう」という場面です。こどもが納得できるように意図を伝えた上で，あえて先生が決める。そうした学びも必要です（第4章参照）。ですが，それ「だけ」になってしまうと，こどもは自律的に学ぶことをしなくなってしまいます。

よく聞く「○○小学校スタンダード」という考え方は，あくまで目安であり，こどもたちの個性，先生の個性によって変わることが当然です。スタンダードが悪いのではなく，それが先行して，そこに当てはめようとしてしまうことが大きな間違いなのです。

　かつての私はこのような授業ばかりでした。もし私と同じような授業をしているなら，考え方を180度変えることをおすすめします。

○今日の学びは○○です。誰と一緒に学びますか？
　それとも今日は１人でじっくり考えるという人もいるかもしれませんね。
○どこで学びますか？
　先生が見える安全な場所ならいいですよ。
○何を使って学びますか？
　ノート，画用紙，パソコンなど，自分の学びに合ったものに決めましょう。

　小さなことではありますが，こどもに「ゆだねられ」ましたね。このように「方法」（場所や使用するもの等）と「相手」を自己決定できるようにすることは，今すぐにでもできそうな気がしませんか。

〉〉 自分の進度で学ぶことができるように「時間」を「ゆだねる」ことに挑戦する

　「方法」や「相手」を「ゆだねる」ことができたら，「時間」を「ゆだねる」ことも考えやすくなります。この「時間」を「ゆだねる」ことが自分のペースで学ぶことと直結するので，自由「進度」学習と「ゆだねる」授業には関連があると捉えています。

　学校には時間割や年間指導計画というものがあるため，ガチガチに決められていると思っている方もいるそうです。ですが，授業をつくる上で，実態に合わせて柔軟に対応することは当然ですし，最重要です。枠からはみ出すことをおすすめしているのではなく，枠を知って柔軟にできることに挑戦し

てほしいということをおすすめしているのです。それでも、この枠はおかしいと思うならば、声をあげて誠実に変えていくしかありません。こっそりズルをするのは避けたいですね。

　さて、一見ハードルが高そうな「時間」を「ゆだねる」ことですが、これも逆のことを考えていくと、できそうな気がします。

・10分間1人で考えて、10分間グループで相談しましょう。
・3人が順番に発表するときは、発表5分、質問5分の1人10分間です。
・はじめの10分は考えを広げて、次の10分は考えをしぼりましょう。

　御覧いただいて分かるとおり、「時間」をしばるということは「方法」や「相手」、さらにこどもの「思考」までしばることになるのです。繰り返しますが、それ自体が悪いということではありません。そればかりになっている授業を見直しましょうということです。

○20分の時間があります。自分で考えたり、必要なときに相談したりして学びをつくっていきましょう。
○はじめは10人の人が発表します。聞きに行きたい人のところに行って発表を聞きましょう。10分たったら次の10人が発表します。
○相手に伝わりやすい文章を書くという目標のために、考えを広げたりしぼったりしながら20分の時間を使いましょう。

　ほんの少し「時間」を「ゆだねる」ことをしただけで、「方法」や「相手」もふくめた自己決定の機会が広がっていきます。自由進度学習は、「時間」だけが自由なのではなく、その「時間」の中で誰とどのように学ぶのかまでふくめた自由なのです。
　そして、ここで学ぶ目標によって自己決定していることが見えてきました。

それが「課題」を「ゆだねる」ことと関連していきます。

》「課題」を「ゆだねる」ときは，だんだん地図を広げるようにする

「課題」を自己決定するとは，「やりたいこと」と「やるべきこと」を見付けて，そこに向かって学んでいくこと，と前述しました。ですから，「課題」を「ゆだねる」ことは，「何をやってもいい」ということとは少し異なります。こどもの「やりたいこと」を尊重しながら，こどもに「やるべきこと」を自覚，納得できるようにしていくことが，「課題」を「ゆだねる」ということなのです。

これはとても難しいことです。そこで課題の階層整理，抽象化のグラデーション，スモールステップといったアプローチを，「だんだん地図を広げるように」としました。

例えば，将来の夢につながる課題は，おそらく「やりたい」と「やるべき」のバランスがとれている課題になると思います。ですが，「将来の夢につながるように，この物語を読むときの課題を自分で決めよう」となったら，ピンとこない子もいるでしょう。そこで，「国語の目標につながるように」と地図を限定して，「この物語を読むときの課題を自分で決めよう」と「ゆだねる」ことをすれば，イメージしやすくなります。

地図を限定することは，これまでも行われてきました。ですが，より限定しようとする流れはあっても，それを広げようとする流れは少なかったと感じています。限定すれば，それだけ「やりたい」と「やるべき」から離れていき，「やらされる」課題になってしまいます。

そう考えると，先程の「国語の目標」で地図を止めてしまってはいけません。「国語の目標」はその先，どんな地図に広がっていくのか，というところまで，こどもと共有する必要があるのです。

こどもが「課題」をせばめた地図の中から選べるところから始めて，少しずつ地図を広げていき，最後は，「やりたいこと」と「やるべきこと」を考えて「課題」を自己決定できるようにしていきたいですね。

2　1単位時間の授業モデル

〉〉第1学年（読むこと）「おおきなかぶ（光村図書）」

❶この単元について

こどもの思い

○いろいろな人や動物が出てくるから楽しい。

○「うんとこしょ，どっこいしょ」のところがおもしろい。

○かぶを抜く人が，どんどん増えていくのがおもしろい。

先生の願い

○場面の様子や登場人物の行動など，内容の大体を捉えることができるようになってほしい。（C読むこと（1）イとの関連）

○物語を楽しんでほしい。

❷何を「ゆだねる」のか

○誰と一緒に読むのかを自己決定できるように「ゆだねる」

○劇遊びをするために必要な「方法」を自己決定できるように「ゆだねる」

❸単元の計画（6時間）

時	主な学び
1	○教材文と出会い，おもしろいところを見付ける。
2	○学習の計画を立て，見通しをもつ。
3	○登場人物の行動や場面の様子の大体を捉える。
4	○場面の様子（順番）を捉え，登場人物の行動を具体的に想像する。
5	○言葉のまとまりや響きに気を付けて劇遊びをする。
6	○劇遊びを見合い，考えたことを共有する。 ○単元の振り返りを行う。

❹1単位時間のモデル（第5時）

学びの様子	留意点等	時間
○本時の活動を知り，自己決定するポイントを共有する。 T 今日は「おおきなかぶ」の劇をやって，お話を楽しみましょう。 　お話を楽しむための工夫を，自分たちで決めましょう。 　劇をするときは，誰と一緒に劇をするのか，自分たちで決められるといいですね。	 ○他者が嫌な気持ちにならないようにする，ということは日頃から確認しておきます。それが，「あなたらしく学ぶことを受け入れる」ということにつながります。	5
○劇遊びを行う。 C 一緒に絵をかこうよ。 C いいよ。ネズミの絵をかいてもいい？ C うん。ぼくはかぶの絵をかくね。 T その絵は，どんなふうに使うの？ C ネズミを頭に付けて，ネズミだよって分かるようにするの。 T それは分かりやすいね！　みんなにも見せてあげてね。 C うんとこしょ。どっこいしょ。それでもかぶは，ぬけません。 T 3人で音読をしているのかな？ C 劇の練習をしてるんだよ。みんな「うんとこしょ」のところが好きだから，一緒に読む練習をしています。 T 教科書を見ることは，とても大切だね。どのように読むか決めたの？	○何かをつくり始める子は必ずいます。どのように劇に生かすのか，自覚できるように問いかけます。 ○自分の活動に没頭する子も多いので，先生が活動を広げていくこと大切です。 ○教科書を見ている子がいたら，大きく取り上げたいところです。ついつい物づくりにだけ目がいってしまう子もいるので，叙述と劇を行ったり来たりできるように，声をかけていきましょう。また，	30

C「うんとこしょ。どっこいしょ。」は来た順に読む人を増やしていこう。
Cだんだん人が増えていくから，だんだん大きな声で読もうよ。

Tそれは何の本かな？
C『お月さまってどんなあじ？』です。
Cこっちは『てぶくろ』です。
Tどちらもおもしろい本ですね。でも，どうしてその本を読むことにしたの？
C「おおきなかぶ」の劇をやって，他のお話の劇もやりたくなったから，似ている本を読んでいます。
Tどんなところが似ているの？
C動物がいっぱい出てくるところ。
Cみんなが順番に出てくるところ。
Tそういえば似ているね！『お月さま』は，力を合わせて最後にできた，というところも似ていますね。
Cこれも劇でやってみようと思います。
Tやるときは，先生にも見せてね！

C先生，かぶやって！
Tかぶやって？　どういうこと？
Cこれを頭に付けて，かぶになって座って。
T付けて，座って，どうするの？
C私たちが，「うんとこしょ」って抜くから動かないでね。
Tじゃあ，危なくないようにやってみよう（腰に縄を巻いて，かぶになりました）。
Cネズミが手伝っているのに，かぶが抜けないよ。他にも手伝って！

どう読むのか，読んでみてどう思ったのか，のような問いをなげかけることも大切です。

○似ている本を置いておくと，それを比べだす子もいます。この2冊は，雨の日に読み聞かせを行った本でした。
先生は，授業と休み時間，国語と算数，のように分けて考えがちですが，こどもにとってはどれも学びでありつながっていることを感じますね。

○やってほしいことは分かるのですが，分かりやすく伝えられるようになってほしいので，あえて何度も問いかけています。
最終的に，クラスみんなでつながって，私という大きなかぶを抜くという劇になりました。こどもたちは，劇をやりながら，

C ネズミが，Ａさんを呼んできました。
C Ａさんは，友達のＢさんを呼んできました。…。
C 「うんとこしょ。どっこいしょ。」とうとう，かぶは，抜けました！

いつの間にか，お話の続きを考えることができました。

○本時の振り返りを行う。

○30分という時間を「ゆだね」ましたが，実態によっては，もう１時間とってもいいでしょう。 | 10

T 劇をやってみてどうでしたか？
C 楽しかった！
T どんなところが楽しかったの？
C みんなで「うんとこしょ」ってかぶを抜いたところ！
C かぶが抜けたとき，うれしかった！
T それはよかったね！　おじいさんは，どんな気持ちだったと思う？
C おじいさんもうれしかったと思う。
C 抜けないときは，もうダメだーってなったと思う。
T 劇をやってみて，どんなことを学びましたか？
C 登場人物の気持ちが分かりました。
C 大きい声で読むところと，小さい声で読むところが分かりました。
T どれも大切な学びですね。そして，自分たちで決めて学びをつくっていったことが，本当に素晴らしかったです。

○振り返りは「楽しかった」「またやりたい」という，活動の味わい直しを目的に行いました。
○どんな学びがあったのかを振り返ることも行いました。難しいようであれば，先生が劇を価値付けるように伝えることもできますね。
○自分たちで決めて劇を行ったことに大きな価値があります。１年生の１学期から，自己決定ができる場面はたくさんあるので，「ゆだねる」ことに取り組みましょう。

〉〉第1学年（話すこと・聞くこと）「これは,なんでしょう（光村図書）」

❶この単元について

こどもの思い

○問題をつくることが楽しそう。

○問題を出し合うことをやってみたい。

○他のクラスや，来年の1年生に問題を出したいな。

先生の願い

○相手に伝わるように，行動したことや経験したことに基づいて，話す事柄の順序を考えることができるようになってほしい。

（A話すこと・聞くこと（1）イとの関連）

○互いの話に関心をもち，相手の発言を受けて話をつなぐことができるようになってほしい。（A話すこと・聞くこと（1）オとの関連）

❷何を「ゆだねる」のか

○どのような「方法」で問題をつくるのか「ゆだねる」

○どんな題材を問題にするのか「課題」を「ゆだねる」

※2人で問題をつくる活動であるため「相手」を「ゆだねる」ことはしませんでした。

❸単元の計画（4時間）

時	主な学び
1	○2人で相談して問題を考え，紹介するという学習の見通しをもつ。 ○問題の答えにするものを決める。 　第1時で，「課題」を自己決定できるように「ゆだねる」ことをしています。「教室にあるもの」「学校にあるもの」という課題を選択できる幅をどこまで広げるのかは，こどもたちの実態によります。

	ここでは，「学校にあるものクイズ」と「みんなが知っているものクイズ」の二つの中から選ぶことにしました。両方を考えているペアもいます。結果として，同じところに落ち着いたとしても，「学校にあるものから問題をつくりましょう」と先生に決められることより，自分たちで「学校にあるものにしよう」と決めることに価値があると考えます。
2	○問題の答えにするものの特徴を考える。 〈特徴の例〉…なわとび 　・長い・細い・とぶ・曲がる・体育で使う・地面にぶつかる　等
3	○ものの特徴をどの順番で伝えるかを考える。
4	○相手に伝わるように考えた問題を紹介する。 ○紹介された問題受けて，感想を伝える。 ○単元の学びを振り返る。

❹1単位時間のモデル（第3時）

学びの様子	留意点等	時間
○本時の活動を知り，自己決定するポイントを共有する。 Ｔ よい問題をつくるために，どのように工夫するのかを自分たちで決めましょう。工夫するポイントは，大きく二つあります。一つめは，どのようにヒントを出すかです。二つめは，そのヒントをどのように伝えるかです。 ○ヒントの順番，ヒントの伝え方を考えながら問題をつくる。 Ｃ 「きれいな音」というヒントを出すと，ピアノだと分かってしまうから，先に	○どのようにヒントを出すのかを考える際に，試行錯誤を促すために，あえて「ヒントは三つまで」とこちらで決めました。「ゆだねる」ことと，先生が決めることの両方が大切ですね。 そして，三つにする意図は，こどもと共有しています。	5 30

「大きい」というヒントを出そう。

C「きれいな音」と「音楽室」というヒントは，どちらを先にするといいかな。

C私たちは，似ているヒントを出さないように気を付けました。

C私たちは，だんだん簡単になるように，ヒントの順番を考えました。

Tそれは，いい問題になりそうだね！　一つめのヒントですぐに分かってしまうとおもしろくないもんね。

Cでも最後には，「ああ」ってなってほしいから，そういうヒントにしたいと思います。

C私たちは，ピアノの問題をつくるために，「大きい」「白黒」「きれいな音」の三つを選びました。どうしてかというと，「音楽室」と「きれいな音」が似ていると思ったからです。
　順番は，「大きい」ものはたくさんあるので，最初にしました。

Cだんだん簡単になるようにヒントの順番を決められたけど，「白黒」と「きれいな音」は，どちらを先にするか，まだ迷うよね。

Cどうやって問題を出そうかな。

Cヒントを紙に書くのはどうかな。

C三つだから，書かなくてもいいんじゃない？

Cじゃあ，繰り返し言ってあげればいいよ

○写真のように，どこで学ぶのかは，自然と決められるようになりました。

○ヒントの出し方が，だんだん答えが分かる順番になること，最後には納得できることになっていることが大切です。これをこどもとの対話の中から見いだすことができたので，クラスみんなで共有しました。

○「なぜ」「どうして」という補助的な言葉かけによって，選んだり並べ替えたりしたヒントを言葉で説明できるように関わりました。

○ヒントの出し方，問題の出し方は，こどもによって様々なアイデアが出されました。
　準備するよりも，たくさ

ね。二つめのヒントを言うときに，一つめも言えばいいと思う。

C 答えを写真に撮って，最後に見せるのもいいね。

C 問題を出すところから全部動画に撮って，それを見せたらどうかな。

○本時の振り返りを行う。

T よい問題をつくるために，どのように工夫するのかを自分たちで決めることができましたか。

C はい。バッチリです！

C 工夫はできたと思うけど，いい問題になったのかは，まだちょっと心配です。答えの写真を見せるのか，見せないのか2人で決められなかったからです。

T そうしたい理由があるなら，どちらの方法も素敵ですね。両方ともやっていいと思うけど。

C 私たちのペアも，紙に書く問題と書かない問題があるので，どっちもやった方がいいと思うよ。

C ありがとう。じゃあ両方やってみます！

んの問題を考えることが大切だと思う子もいて，紙に書きたいと思っている子との折り合いがつきませんでした。
そこで，「自分らしく」と「あなたらしくを受け入れる」という話をして，①最初の問題を紙に書く，②問題を5問考える，③その後2問目以降も紙に書く，という方法でお互いに納得することができました。

○両方やってみる，という方法に決めたペアがいたので，振り返りでこの提案をすることができました。改めて，こどもたちの柔軟さに驚かされました。

10

〉〉第３学年（知識及び技能）「修飾語を使って書こう（光村図書）」

❶この単元について

こどもの思い

○言葉の勉強は覚えることが多くて大変だな。

○使えるようになったら，すごく便利なものだと思う。

○言葉のクイズが楽しかったから，今回もクイズができないかな。

先生の願い

○修飾と被修飾との関係について理解することができるようになってほしい。（知・技（１）カとの関連）

○言葉を知る楽しさ，言葉を知ったことによる表現の可能性の広がりを感じてほしい。

❷何を「ゆだねる」のか

○修飾語を理解し，使えるようになるための「方法」を「ゆだねる」

○誰と一緒に学ぶのかを自己決定できるように「ゆだねる」

❸単元の計画（２時間）

時	主な学び
1	○修飾語の働きを知り，文の内容が詳しくなることを理解する。 ○主語と述語について，既習の内容を確認する。 　修飾語がどんなものなのか知るところから，こどもに「ゆだねる」こともできます。ですが，間違った理解をしてしまうといけないので，個々に関わったり，まとめを行ったりして，修飾語とは何かを確認する必要があります。
2	○修飾語について理解し，使うことができていることを確かめる。

❹1単位時間のモデル（第2時）

学びの様子	留意点等	時間
○本時の目標を知り，自己決定するポイントを共有する。 T今日は，修飾語を理解すること，修飾語を使うことが目標です。つまり，分かって使えるということですね。 そのための「方法」や一緒に学ぶ「相手」は自分で決めましょう。 ○修飾語を理解し，使うための活動に取り組む。 【教科書をもとに学ぶ子】 C教科書の色分けをそのまま生かして書いていこう。 Cどの言葉に係っている修飾語なのかを確認しないといけないね。 C簡単な文も修飾語によってイメージがまったく変わってくるよ。 Tどのように変わったのか教えてくれる？ C「荷物が，おもい。」という文があるのですが，「力持ちの人が持ち上げた荷物が，おもい。」という文と「小さいこどもが持ち上げた荷物が，おもい。」という文では，荷物のイメージが変わると思いました。 【自分で問題をつくる子】 C教科書にも問題があるけれど，自分たち	○修飾語を理解し，使うという目標がはっきりしているので，「方法」を思い切り「ゆだねる」ことができます。 こうした知識及び技能に関わる内容のときは，「方法」を広げるチャンスです。ここで経験した「方法」が他の単元に生かされることも多々あります。 ○教科書は，とても分かりやすく主語，述語，修飾語が示されています。 「方法」の自己決定に悩んでいる子がいたら，まずは教科書をおすすめしたいですね。 ○ゲームを考えるように「方法」を自己決定でき	5 25

でも主語と述語だけの文をつくって，交代で修飾語を足していくゲームをするのはどうかな。

C いいね！　じゃあ，最初の文は，「先生が，笑った。」にしよう。

C 先生が，大きな声で笑った。

C 先生が，昼休みに大きな声で笑った。

C 先生が，昼休みに体育館で大きな声で笑った。

T 「先生が」にも係る修飾語はないかな？

C 本当だ。気付きませんでした。「担任の先生が」にしてみよう。

C お楽しみ会でやった「いつ・どこで・誰が・何をした」ゲームをつくろうよ。

C それだと，修飾語が「いつ」と「どこで」だけになってしまうよ。他の修飾語も入れた方がいいよ。

C 何が出るか分からないから，主語にも述語にも係らない修飾語が出たらダメじゃないかな。「いつ」と「どこで」なら，必ず係ると思うよ。

C うまく係らない修飾語が出たときは，負けっていうルールにすればいいかな。

C それならいいかも！　文をつくるときに，かなり考えるゲームになりそうだね。

【作文の中で修飾語を使う子】

T もくもくと書いているけれど，これは日記ですか？

C これは，想像日記です。

T 想像日記とはどんな日記ですか？

るところは，修飾語の多様さの中に，ユーモアを織り交ぜやすいからだと考えます。

詳しくなるから，状況を想像でき，結果おもしろいと感じる，という修飾語がもたらすよさを共有できるようにしましょう。

○この子たちは，自分で気付いてルールを変えていきましたが，ゲームのようになると，おもしろくすることが目的となり，修飾語を学ぶことから外れていくことがあります。そこを行ったり来たりできるように声をかけることが，先生の役割ですね。

○想像日記を色分けをしながら書いていましたが，普段文を書くときは色分けをするわけではありません。あくまで意識する

C本当にあったことに，少しだけ想像をまぜて，不思議な出来事が起こる日記です。

Tおもしろそうな日記だね！　どんな内容なのか教えてくれる？

C私は，昨日お寿司を食べました。お寿司に乗っているエビが，フワフワと飛んで，私の口に入りました。とってもおいしかったです。

T内容がおもしろいだけじゃなくて，修飾語に赤線を引いてあるから分かりやすい文になっているんだね。

【インターネットの問題に取り組む子】

Cとても難しい問題があったので挑戦しています。でも修飾語のおかげで，文が詳しくなることがよく分かります。

○みんなの活動を共有する。

○修飾語テストを行う。

T最後に簡単なテストをしましょう。修飾語クイズをつくってくれた子がいるので，それをみんなでやりましょう！

○本時の振り返りを行う。

T修飾語がどんなものか分かったかどうか。それを使うことができたか(できそうか)を振り返ってみましょう。

ために，この単元で行っている方法です。

ですが，この授業以降も，「どれに係る修飾語なのかな」という対話を，こどもたちとすることが，本当の意味で使えるようになる，ということだと思います。

○インターネットの活用もよい方法です。

さらに，言語に関わるアプリが入っている端末ならば，大いに活用すべきですね。　　　　　　　　10

○こどもたちの素敵な活動を広げるため，修飾語の理解を確かめるためにテスト（クイズ）を行いました。

「方法」をゆだねたからこそ，それぞれのよさを共有することが大切ですね。　　　　5

〉〉第３学年（読むこと）「モチモチの木（光村図書）」

❶この単元について

こどもの思い

○登場人物の豆太がおもしろい。

○豆太は，どうしてモチモチの木の灯を見ることができたのかな。

○結局，豆太は，勇気があるのかな。

先生の願い

○登場人物の気持ちの変化や性格，情景について，場面の移り変わりと結び付けて具体的に想像することができるようになってほしい。

（Ｃ読むこと（１）エとの関連）

○文章を読んで感じたことや考えたことを共有し，一人一人の感じ方などに違いがあることに気付くことができるようになってほしい。

（Ｃ読むこと（１）カとの関連）

❷何を「ゆだねる」のか

○登場人物について，どのように語るのか「方法」を「ゆだねる」

○共有する「相手」を自己決定できるように「ゆだねる」

❸単元の計画（10時間）

時	主な学び
1 〜 2	○「モチモチの木」がどんな木なのかを想像する。 ○初発の感想をノートに書く。ここで多くの「問い」が生まれるとよい。 ○登場人物について語り合うという単元終末の活動に向かって，学習計画を立てる。
3 〜	○登場人物の性格や気持ちを考える。 ・「豆太」と「じさま」の人物像について。 ・「霜月二十日のばん」の場面と「豆太は見た」の場面とで，「豆太」の人物

8	像を比べる。
	・「豆太」はどうしてモチモチの木の灯を見ることができたのかについて，「医者様」と「じさま」の発言などから考える。
9	○これまでの読みを生かして，登場人物について語り合う。
10	○単元の振り返りを行う。

❹1単位時間のモデル（第9時）

学びの様子	留意点等	時間
○本時の目標を知り，自己決定するポイントを共有する。 T 今日は，ここまでの読みを生かして「豆太」について語り合うことをします。いつ，どこで，誰と，どのように語り合うのかは，自分たちで決めましょう。	○1単位時間の中でも，なるべく多くの時間を「ゆだねる」ようにしました。前時までにそれだけ読み込んできたからこそ，ここで「ゆだねる」ことをしても語り合えると思ったからです。	5
○登場人物（豆太）について語り合う。 【教科書，ノート，イスをもってすぐに移動し，語り始める子】 C 結局，豆太は勇気があるのかな？ C 私はないと思うよ。だって，最後の場面でもじさまと一緒じゃないとトイレに行けないから。 C でもモチモチの木の灯を見ているよ。勇気がないと見られないんでしょ？ C それは，月と雪のせいだよ。 C その前に，夜中に1人で医者様を呼びに行っているんだから，勇気があるし灯も見えたんだよ。自分だったらできる？ぼくだったらできないと思う。	○最初は3人で語り合っていましたが，熱量に影響されてか，気付けば10人程のグループになっていました。中には発言せずに，ずっと聞いている子もいましたが，それも一つの参加の姿だと感じました。	35

C勇気があるから呼びに行ったわけじゃなくて，夜よりもじさまが死んじゃうことの方がこわかったから呼びに行ったんでしょ。やっぱり勇気があるわけじゃないと思う。

Cあのときは勇気があったけれど，人間はそんなにすぐ変わるものじゃないから，元に戻ったということじゃないかな。

【教科書をじっくり読む子】
C最後のじさまの言葉が気になって仕方ありません。

Tそれは，どの言葉ですか？

C「おまえは，一人で，夜道を医者様よびに行けるほど，勇気のある子どもだったんだからな。自分で自分を弱虫だなんて思うな。人間，やさしささえあれば，やらなきゃならねえことは，きっとやるもんだ。」

これは，勇気があるから行動を起こせたのか，やさしさがあるから行動を起こせたのか，どっちなのかが気になっています。

T勇気とやさしさは別のものなのでしょうか。順番があるものとか。両方ないと行動できないものですかね。

C順番があるかもしれません！　やさしさがあるから行動できて，行動が認められたものが勇気ということだと思いました。

【語るための資料を作成する子】
Tそのグラフのような資料は何ですか？

○本を読むことに没頭している子もいるので，話しかけるときには注意が必要です。

○ここでは，私が助言するというわけではなく，一緒になって考えるという関わりをしました。
その影響があったかは分かりませんが，この子が自分で「こうだ！」という考えに至ったことに価値があります。
自分らしい納得解を出すことができてよかったと思いました。

○登場人物をレーダーチャートで表そうという発想

C これは，豆太のレーダーチャートです。

T レーダーチャートって何ですか？

C 豆太の特徴を「勇気」「おくびょう」「やさしさ」「体の強さ」「かしこさ」という項目にして，5段階で図にしています。モンスター育成ゲームの攻撃力や防御力からヒントをもらいました。

T これはおもしろいですね！ 豆太は，「おくびょう5」で「勇気1」なんですね。

C それは覚醒前の豆太です。最後の場面では「おくびょう5」ですが「勇気5」に変わっています。なぜ，勇気がアップしたかというと…。

【1人で考えることと，語り合うことを行ったり来たりする子】

C たしかに，豆太は勇気がないかもしれないよね。ありがとう，ちょっとメモして考えてからまた来るね。

○ 本時の振り返りを行う。

T 語り合った今の気持ちはどうですか？

C すっきりしています。

C 前よりもモヤモヤしています。

T そのどちらも大切です。忘れる前にその気持ちを書いておきましょう。

がさすがです。項目に何を選ぶか迷ったそうですが，5や1の数値には叙述を基にした根拠がありました。

この子は，他の物語の登場人物もレーダーチャートで表して，オリジナルのカードゲームを作っていました。

○ 本当に迷っていたので，たくさんの子と関わろうとしていたそうです。私には，語り合うと言えば，じっくり腰を据えて話すイメージがありましたが，「ゆだねる」ことで，また違った関わり方をこどもに教えてもらいました。

5

〉〉第5学年（話すこと・聞くこと）
「きいて，きいて，きいてみよう（光村図書）」

❶この単元について

こどもの思い

○インタビューをするのは楽しそうだな。

○直接インタビューしに行くのは緊張する。

○友達だけでなく先生や地域の人にもインタビューしてみたいな。

先生の願い

○話し手の目的や自分が聞こうとする意図に応じて，話の内容を捉え，話し手の考えと比較しながら，自分の考えをまとめることができるようになってほしい。（A話すこと・聞くこと（1）エとの関連）

○オンラインとは異なり対面することで分かる情報を感じ取ってほしい。

❷何を「ゆだねる」のか

○誰にインタビューするのかを「ゆだねる」

○期間を長くとり，各自がインタビューできるよう「時間」を「ゆだねる」

○そもそも，何のためにインタビューするのかという「課題（目的）」を「ゆだねる」

○自分の目的のためにインタビューするという「方法」は決まっているが，どのようにインタビューするかという「方法」は「ゆだねる」

❸単元の計画（6時間）

時	主な学び
1 2 3	○何のためにインタビューをするのか目的を自己決定する。 ○誰にインタビューするのか相手を自己決定する。 ○どんなインタビューをするのか考える。 ○いつインタビューに行くのか計画を立てる。

4	○インタビューの中間報告。成果や課題を共有する。
5	○インタビューの成果を共有する。
6	○単元の振り返りを行う。

❹ 1単位時間のモデル（第1時）

学びの様子	留意点等	時間
○インタビューという活動を知る。 Ｔインタビューのよさや必要なものが分かったところで，早速インタビューの目的と相手を自分たちで決めましょう。 ○目的と相手を自己決定する。 Ｃ教科書を見ると，友達のことをよりよく知るためにインタビューする，というのが目的と相手になっているね。 Ｃそれもいいけど，いつでもできるからクラスの友達以外にもインタビューしたいよね。先生いいですよね？ Ｔもちろんです。ですが，クラス外となると国語の授業時間だけではインタビューできないかもしれないので，期間を長くとりましょう。 Ｃ学校紹介新聞を1年生に読んでもらって，学校のことを知ってほしいから，校長先生にインタビューしよう。 Ｃ1年生や，1年生の担任の先生にもインタビューしたら，もっと読んでもらえるんじゃないかな。	○直接話すからこそ引き出せるものがある。質問は用意していくが，その場で質問を考えて聞くことができるのもインタビューのよさだ，というような話をしました。 ○開始すぐに，クラスの友達以外にもインタビューすることになりました。このときが4月末だったので，5月末に中間報告，6月末に成果を共有することを確認しました。 ○「課題（目的）」と「相手」を自己決定できるように「ゆだねる」ことで，こどもたちは，いきいきと活動することができました。	10 25

学びの様子	留意点等
C クラス替えをしたばかりだから，みんなのことを知ることを目的にしよう。クラス全員にインタビューをして，それをクイズにして紹介したいな。	ここで，インタビューの形を重視したいのであれば，相手をクラス内に限定する方が効率がいいと思います。その場合でも，後半に自己決定できる場面を設定するべきだと考えます。
C クラス全員は大変だから，３人で分担してインタビューしよう。	
C 給食新聞を委員会でつくることになったから，そのために給食調理員さんにインタビューをしたいな。	「やらされる」よりも自分からやったインタビューの方が，必ず自分の中に残りますね。
C 自分の大好きなラーメン屋さんをクラスみんなに紹介したいから，ラーメン屋さんの店長にインタビューできないかな。	○アイデアはふくらむばかりですが，相手によっては，インタビューができないという可能性もあります。
C お母さんに，うれしいことや大変なことをインタビューして，母の日のプレゼントやお手伝いを考えよう。	
C ７月の臨海学校へ行くバスの中で先生クイズを出したいから，学校の先生たちにインタビューをしよう。	そこで，誰にインタビューするのかは，複数の候補をあげておくよう伝えました。
○「課題（目的）」と「相手」をクラスで共有する。	○この共有が，複数の候補を考える際に有効でした。	10

❺ １単位時間のモデル（第２時）

学びの様子	留意点等	時間
○インタビューの目的と相手を確認する。	○第２時でインタビューのアポの取り方，インタビューのおおまかな質問内	5
○いつ，どのようにインタビューするのか		35

を考える。

T 何のために，誰にインタビューするのか
を考えましたね。
今日は，具体的に「いつ」「どのように」
インタビューをするのか決めましょう。

C 緊張しないために，質問だけじゃなくて
流れが分かるフローチャートがあるとい
いって先生が言っていたので，家でつく
ってみました。

容を決め，第3時で具体
的な質問を考える予定で
した。
ですが，それをはるかに
上回るペースで，フロー
チャートまで考えてくる
子がいました。

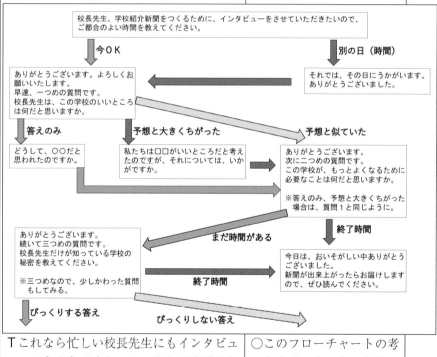

T これなら忙しい校長先生にもインタビュ
ーできそうですね。この流れは素晴らし
いと思います。まだ時間があるので，質
問の内容はこれでいいか，知りたいこと
を引き出せるかを考えましょう。

○ このフローチャートの考
え方は，あっという間に
クラスへ広がっていきま
した。1人1台端末を活
用して，データの共有が

なされていました。

C クラス全員は大変だから，3人で分担し
　てインタビューしようと思っていたけれ
　ど，それでも大変だね。
C 簡単な質問にすれば，みんなにインタビュー
　ーできるけれど，それってインタビュ
　ーじゃないような気がするよね。
T インタビューする人をしぼるのはどうで
　すか？
C クラスみんなのことを紹介したいので，
　できればしぼりたくないです。
T では，アンケートフォームを使って，聞
　きたいことを全員に聞いてから，気にな
　った答えの人にインタビューするのはど
　うでしょう？
C たしかにそれならできそうです。でも，
　時間があれば，やっぱり全員にインタビ
　ューしたいと思います。

○アンケートフォームによ
　って時間を生み出すこと
　ができました。自分たち
　が知らない回答が返って
　きたら直接インタビュー
　に行ったようです。

C 給食調理員さんに，何時ならインタビュ
　ーできるか確認してきていいですか？
（しばらくして）
C 明日の15時以降なら大丈夫だそうです。
　帰りの会の前に行ってきます。
C 10分くらいしかないから，何を聞くのか，
　ちゃんと考えておこう。

○自分たちでアポをとるこ
　とができました。
　さらにこの後，同じ委員
　会の6年生とも時間をあ
　わせてインタビューに行
　くことができました。

C ラーメン屋さんへお家の人が電話してく
　れて，インタビューできることになりま
　した。今度の土曜日に家族と行ってきま
　す。店長がいいよって言ってくれたら，
　そのときの様子を動画に撮ろうと思いま

○店長さんがOKしてくれ
　たので，動画を撮影する
　ことができました。これ
　は，4年生の社会科見学
　のときに，動画を撮りた

す。	かったと思った経験があったからだそうです。「方法」を「ゆだねる」ことのよさが表れましたね。
Ｃお母さんに，インタビューするなら，お父さんやお兄ちゃんにもインタビューしようかな。 質問は，「今困っていること」「今までで一番うれしかったことと最近うれしかったこと」にしよう。でもこれ以上思い付かないから，友達の様子を見てみよう。	○友達の様子を自分のタイミングで見に行くことができるのも，この子が自己決定をしているからです。
Ｃみんなが驚くような先生クイズにしたいから，「みんなが知らない○○先生の好きなこと」を質問しよう。	ここで「出歩いてはいけません」と注意することのないよう見守りたいですね。
○本時の振り返りを行う。	
	5
Ｔインタビューに行けます！という状態が100だとしたら，今はどのくらいですか？その差をうめられるように次回もしっかり学びましょう。	○もう100です，という子も中にはいます。次回，よりよいインタビューをするために，先生が積極的に関わってもいい場面ですね。

〉〉第5学年（書くこと）「みんなが過ごしやすい町へ（光村図書）」

❶この単元について

<u>こどもの思い</u>

○みんなが困っていることはあったかな。

○町をよりよくするためにできることを考えたいな。

○こどもの自分にもできることを見付けられたらいいな。

<u>先生の願い</u>

○目的や意図に応じて，感じたことや考えたことなどから書くことを選び，集めた材料を分類したり関係づけたりして，伝えたいことを明確にすることができるようになってほしい。　　（B書くこと（1）アとの関連）

○引用したり，図表やグラフなどを用いたりして，自分の考えが伝わるように書き表し方を工夫することができるようになってほしい。

（B書くこと（1）エとの関連）

❷何を「ゆだねる」のか

○誰と報告文を作成するのかを「ゆだねる」

○報告するための調べる「方法」を「ゆだねる」

○何について報告文を書くのかという「課題」を「ゆだねる」

❸単元の計画（9時間）

時	主な学び
1	○「みんなが過ごしやすくなるように」という大きな目的を共有する。 ○何について報告文を書くのかを自己決定する。
2	○どんな「方法」で調べるのかを決め，調べ始める。
3	○報告文を書くための調査を続ける。
4	○報告する文章の構成を考える。

5〜7	○報告する文章を書く。 ○図表や引用文に気を付けて書く。
8	○報告文を読み合い，感想を伝え合う。
9	○単元の振り返りを行う。

❹１単位時間のモデル（第１時）

学びの様子	留意点等	時間
○「みんなが過ごしやすくなるように」という大きな目的を共有する。 Ｔみんなが過ごしやすくなるということは，どういうことでしょうか？ Ｃ困っていることがなくなることだと思います。 Ｃ安全に過ごせるということです。 Ｃなくてもいいけど，あったら心がうれしくなるようなことです。	○大きな目的を共有することで，そこに向かう自分の「課題」を自己決定できます。地図が広がっていくことを，はじめに共有したということですね。	15
○何について報告文を書くのかを自己決定する。 Ｃ通学路に大きな道があって，それを横断するには，長く信号を待つことになります。もしここに歩道橋があったら過ごしやすくなると思いました。 Ｃ商店街の人が，「昔はよかった」と言っているのをテレビで見たことがあるので，地元の商店街について調べて報告しようと思います。商店街の人もお客さんも過	○過ごしやすいという捉えは，個々で異なるものです。ここでは，自分が当事者意識をもって調べられることがいいよ，と伝えました。 その方が，確実に調べる意欲，書く意欲につながると思ったからです。	25

ごしやすくなるようにしたいです。

C 1年生が過ごしやすくなるように，どんなことができるか考えたいです。困っていることがあるのか。なければ，どんなものがあったらうれしいかを調べたいと思います。

C 私は手話について報告文を書きたいです。耳が聞こえない友達がいるのですが，いつもその子のお母さんが手話の内容を伝えてくれます。私が手話をできるようになったら，もっと話しやすくなると思うからです。

C 先生，花について調べるのはどうですか？

T 私は，みんなが決めたことを尊重したいと思っているので，もちろんいいと思いますよ。でも花にした理由を教えてくれますか？

C 花が町の中にあったら気持ちよく過ごせると思うからです。困っていることを調べることも大切ですが，季節の花を調べて報告するのもいいと思いました。

T それは素敵ですね！ できれば，どこに花を置くのか，というプランまで報告してほしいです。

○本時の振り返りを行う。

○調べる対象は，学校の内外両方が考えられます。地域の実態として，学校外に目を向けることが難しい場合は，学校の中で過ごしやすくなるように，と範囲を限定してから「ゆだねる」こともできます。
こどもたちが自己決定できるように「ゆだねる」ことをしているので，そこを大切にできれば範囲を限定しても問題ないのです。

○マイナスなものをよりよくする，という思考にいきがちですが，明確なマイナスがなく，よりプラスを求めるような考えの子もいます。
こうした考えも，もちろん尊重していきます。
さらに，他の友達と一緒に活動することで，よりよい報告文につながることも多いです。

○こどもによって進度が異なるので，「課題」がこ

5

学びの様子	留意点等
T 何について報告文を書くのか決まりましたね。次回はどのように調べていくのかを考えていきましょう。	の時間に決まっていなかったり，すでに「方法」が決まっていたりしても問題ありません。 むしろ「ゆだねる」ことをしたからこそ生まれた適切な進度と言えますね。

❺ 1単位時間のモデル（第2時）

学びの様子	留意点等	時間
○自分が決めた「課題」を確認する。 T「みんなが過ごしやすくなるように」自分が調べ報告することが何なのか確認しましょう。	○「課題」の自己決定は，やる気に直結するため，繰り返し確認することも効果的です。	5
○どんな「方法」で調べるのかを決め，調べ始める。 T 教科書には，調べる方法の例として，インタビュー，アンケート調査，実際に見て調べる，本や資料で調べる，インターネットで調べる，というものが載っています。この中から「方法」を自己決定してもいいですし，他の「方法」でもいいですよ。	○この中から自己決定できるといいのですが，できれば複数の方法に取り組んで，情報を合わせられると，よりよい報告文になります。 「方法」は，こどもたちにゆだねているので，複数の調査をする価値を伝えていきたいですね。	35
C 歩道橋について調べようと思います。通学路を歩きながら，歩道橋のあるところはどんなところなのか実際に行って調べます。また，インターネットで歩道橋のでき方も調べたいと思います。	○「みんなが過ごしやすい町へ」という単元であることから，学校外へ調査が広がっていきます。 その際，安全面の指導は

できれば市役所の人にインタビューをしたいと思うけど。それはまだ考え中です。

C まずは，地元の商店街の人にインタビューをしたいと思います。「きいて，きいて，きいてみよう」の単元とつなげてできそうです。
インタビュー結果から，何に困っているのか，何があったらうれしいかをまとめて報告したいです。

C １年生のためにアンケートをつくるので，印刷してください。パソコンのアンケートだと１年生には難しいと思うので，紙のアンケートにしようと思います。

C 手話の動画をインターネットで見付けたので，ポイントをまとめていきたいと思います。できれば，友達と手話で話すところまで報告文に書きたいです。

C まずは通学路を歩きながら，花の少ない場所，多い場所を調べたいと思います。そこから，花の種類も図鑑やインターネットで調べて，どこにどの花を置いたら気持ちがよくなるかを報告する予定です。
T 通学路を歩いて歩道橋を調べるって○○さんが言っていましたよ。一緒に調べてもいいかもしれませんね。
C ありがとうございます。○○さんと一緒なら写真も撮りやすいので，誘ってみたいと思います。

「ゆだねることなく」確実に行う必要があります。また，保護者にもアナウンスしておくとスムーズです。

○アンケートフォームの方が答えやすい場合もあるため，１年生の実態を知る必要があります。その実態調査もふくめ，取り組めるよう伝えていきましょう。

○内容は異なりますが，同じ通学路を調査する２人をつながるよう促しました。
報告文は１人ずつ書くとしても，調査は複数で行う方が，より多くの情報を集めることができます。

○本時の振り返りを行う。 T 実際に調べ始めると難しいということも出てくると思います。次回も調べる時間になりますが，それまでにやりたいことがある人は，安全に気を付けて取り組みましょう。	○こどもが選んだ「方法」であるため，うまくいかないこともあります。その経験もふくめて学びです。先生が手を出し過ぎないように，適切な距離感で寄り添っていきましょう。	5

　1単位時間の中であれば，「ゆだねられる」気がしてきませんか。すでにやっていることだと再確認した方も多いでしょう。「ゆだねる」授業は，難しいものではないのです。

　ただ，「ゆだねる」授業に取り組んでいくと，指導案が書きにくくなっていきます。特に本時の展開については，以前のような詳細なプランを書けなくなった自分がいます。書けば書くほど，そのとおりに進めようとするバイアスが働くので，意図的に書かないようにしているのかもしれません。

　ですが，準備することは大切です。私がどのように指導するか，という部分が書きにくくなりましたが，こどもたちがどんな実態か，どんな学びをつくると予想できるか，といったこどもに関わる部分は，今まで以上に書けるようになりました。準備したことと，予想したこどもの姿を重ね合わせておくことが，指導案を書く理由のような気がします。

　そして，いざ授業が始まったら，指導案よりもこどもの姿を優先するのは当然です。準備したけれど最後まで出さない，というカードがあってもいいのです。それが「教える」から「ゆだねる」に変わっていくことなのだと思います。

単元内の
自由進度学習の進め方

単元の中で「ゆだねる」

第3章では，単元の中でどのように「ゆだねて」
いくのか実践例を交えてお伝えします。
活動が大きく広がっていきますよ！

1 単元内の自由進度学習のポイント

　単元内の自由進度学習について，「国語の授業を行うならば，こどもも先生も一度は経験してほしい」と私は思っています。理由としては，こどもたちが，様々な自己決定をできる可能性があること，現在の学校のシステムの中で取り入れやすいこと等，多くのメリットが考えられるからです。この単元ならば思い切って「ゆだねる」ことができるかもしれない，と感じたらぜひ取り組んでみてください！

〉〉 単元の導入は，こどもと先生の共有の時間にする

　単元の導入は，とても大切な時間です。新しい教材との出会いを素敵なものにできるかどうか。これは先生の努力によるものです。ただ，勘違いしてはいけないのが，「素敵な出会いになるように先生が努力する」のではなく，「素敵な出会いにできる子になるように先生が努力する」のです。

　前者は，先生がいろいろな工夫をして，ワクワクするショーを見ているかのような導入です。それも大切なことかもしれませんが，それではいつまでたっても「先生がおもしろくしてくれる」という状態から抜け出せません。そもそもワクワクするショーは打ち上げ花火のようで，長続きしないことが多いです。たくさん準備をしたわりに，単元の最後までワクワクが続いたかと言えばそうでもない，という経験をしたことがあるのではないでしょうか。これは「学ぶこと」を楽しんでいないことが理由だと考えられます。

　一方後者は，こどもが自分から学びに向かうことができるようにする導入です。ここで「ゆだねる」ことが必要になってきます。「ゆだねる」ことで，「自由に学びをつくっていいんだ」という学ぶことそのものへのワクワクが生まれます。これを積み重ねていけば，「次はどんな教材で，どんな学びをつくろうかな」という素敵な教材との出会いにできる子になっていくのです。これは，ショーを見るだけのお客さんから，ショーをつくり出す側になると

いうことでもあります。そうなるように努力することが先生方には必要なのです。

　ではどのような努力をするのか。導入で欠かすことができないことは，こどもと先生で共有を図るということです。具体的には，何を「ゆだねる」のか，何が決まっているのか，ということを共有します。

- -

○この単元は８時間あつかいで，付けたい力は読むことの精査・解釈にあたる部分だということは決まっている。でも，その８時間の中で，どのような方法で誰と学ぶのかは自己決定して学んでいく。

○この単元は，新聞をつくることは決まっている。ただ，何時間かけて新聞をつくるのかは決まっていないので，今から時間を相談して決める。その時間の中で，どんなテーマで書くのか，どんな取材をするのか等は自己決定して学んでいく。

- -

　この「ゆだねる」幅をどれだけ広げられるかが，努力すべきポイントです。先生が国語を学べば学んだだけ，ゆとりをもって「ゆだねる」ことができるのです。

　ただ，「ゆだねる」幅は異なっても，それをこどもと先生で共有をしておくことで，「納得して学びをつくっていける」という点は同じです。「方法」「相手」「時間」「課題」の四つの自己決定につながる「ゆだねる」ことを大切にして，それを共有していきたいですね。

　また，共有するのは「ゆだねる」ことについて，だけではありません。先生が大切にしていること，こどもが求めていること等，お互いが大切だと思っていることは，どんどん共有するといいでしょう。これも納得につながりますし，心理的安全性を築くことにもつながります。

　ちなみに，私は，単元の指導事項を焦点化し，それをこどもと共有してから単元を進めていくということを積極的に行っていました。ですが，現在はケースバイケースだなと思うようになりました。

指導事項（付けたい力）を共有して，そこに向かって学習調整をすることを促す方法や，全体で共有はしないけれど，こちらはイメージをもっておいて，個々に伝える方法など，様々なものが考えられます。そもそも伝えずに，こどもの対話を通して，こどもが自分で実感するという方法が，最もよいのではないかと思うこともあります（特に完全自由進度学習においては）。

指導事項は大切なことですが，共有するタイミングは，成長を実感できたときがよいのかもしれません。

ですが，「ゆだねる」ことに関しては，導入で積極的に共有を行い，お互いに納得した状態で学びをつくっていきたいですね。

〉〉「ゆだねる」こと＝自己決定することを共有できたら，計画づくりをスタートする！

共有によって，何を自己決定するのかが分かったら，こどもたちは自分で計画をつくることができます。私は，この計画づくりが自由進度学習においてとても重要であると考えています。

自由進度学習は，自分で自分のハンドルをにぎって進んでいくことが求められます。つまり自分を調整しながら学んでいくということです。では，何を基準に調整をするのかと言えば，自分でつくった計画がそれに当たります。

自分で計画をつくったからこそ，「あれ，時間がたりないぞ」とか「思ったより早く終わったから，さらにこれをやってみよう」とか，学びを自分で調整することができるのです。計画どおり進めることが大切なのではなく，計画という基準を設けることで，自分で調整しながら進めることができるようになることが大切なのです。

〉〉単元が動き始めたら，こどもを見取り，自覚できる場面を設定する

こどもを見取ることの重要性は，既に述べたとおりです。観察・想像・対話を何度も繰り返して，その子のことを見取ろうとすることは，単元を通し

て欠かすことができません。

　自分の振り返り，先生のフィードバック，他者とのリフレクションなど，多様な視点によって，どのように学びが進んでいるのかを自覚することも重要です。なぜなら，自覚できるとよりよい調整ができるからです。

　自覚できるようにするために，単元の中盤あたりで共有する時間を予め設定しておくことも考えられます。いきなり単元の全てを「ゆだねる」ことが心配だという場合は，中間報告のようなイメージで共有を図るのもいいかもしれません。ただ，このときに先生のエゴで統制をかけることは絶対にないようにしましょう。数時間「ゆだねる」ことを行ってみる。思っていたのと違った。これまでのこどもたちの学びを否定する。結局，先生の顔色をうかがう。という負の連鎖が起きてしまいます。あくまで，こどもを尊重する。１人の人として接する。対話を通して大切なことを伝え続ける。これを意識すれば，そんな間違った方向に進むはずがありません。こどもを信じて「ゆだねる」ことを決めたなら，とことん信じ抜きましょう。

　ちなみに，副産物のようなものですが，「ゆだねる」ことで先生の働き方を効率よくする効果もあると思っています。単元を通して，観察・想像・対話を繰り返すことで，ノートやプリントを集める必要がなくなります。時間の中で見取ることができるからです。物を準備するという手間もなくなります。それは，こどもたちが自分で考えてつくるからです。私は，先生方は準備をし過ぎだと思っています。自分が楽しむように教材研究をすることは大切ですが，それを物をつくることではなく，こどもたちへ関わることに生かしていくのです。

　「ゆだねる」からこそ，授業の中で，できることはたくさんあります。早速やってみましょう！

2 単元の授業モデル

>〉 第2学年（話すこと・聞くこと）
「あったらいいな，こんなもの（光村図書）」

❶この単元について

こどもの思い

○「あったらいいな」と思うことは何度もあるよ。おもしろそう！

○そんなこと考えたことなかったな。思いつくかな。

○お母さんが，困っているって言っていたから，それがあったらいいな。

先生の願い

○話す人の考えを詳しく聞くために，大切なことは何かを考えて質問できるようになってほしい。（A話すこと・聞くこと（1）エとの関連）

○「あったらいいな」を考えることで，自分の「やりたいこと」を表出できるようになってほしい。

❷何を「ゆだねる」のか

○どのように伝えるのかという「方法」を「ゆだねる」

○「あったらいいな」というものを考える際に，一緒に学ぶ「相手」を自己決定できるように「ゆだねる」

○「あったらいいな」というものを考えたり，なぜそれが「あったらいいな」と思うのかという理由を考えたりする「課題」を「ゆだねる」

....

「あったらいいな」というものを考えることは，題材の設定であり，「課題」の自己決定ではないという見方もできます。今回は「やりたい」と「やるべき」の両方を考えることができるので「課題」の自己決定と捉えています。

....

❸単元の流れ（8時間）

時間	学びの様子	留意点等
1	○教材と出会い，計画を立てる。 Ｔこの単元は，全部で8時間です。1時間目は，計画を立てていますね。 　2・3・4時間目は，自分で決めて，学びをつくります。 　5時間目は，質問タイムです。 　6時間目は，質問タイムを生かして，さらに自分で学びをつくります。 　7時間目が発表，8時間目が振り返りです。 ○どんな活動をするのか，どんなことを自己決定するのかを共有する。 Ｔあったらいいなと思うものを考えて，発表するために，三つのことを自分で決めて学んでいきます。 　一つめは，「あったらいいな」というものを自分で決めます。そのときは，なぜ「あったらいいな」と思うのか，理由も一緒に決めましょう。 　二つめは，誰と学ぶのかを決めます。1人で学んでもいいですし，聞きに行きたいときだけ友達と学んでもいいです。もちろん，アイデアを出し合って長く一緒に学ぶこともできますね。 　三つめは，伝えたいことを伝えるために，どんな方法で発表するのかを決めます。 　それでは，三つのことを自分で決めて，5時間目の質問タイムまでに，どんな学びをつく	○実際は，こどもたちがワクワクするように教材との出会いを大切にします。 ○図や表を活用して，単元の流れを可視化できるといいですね。最近は，大型モニターに投影する場面をよく見かけます。 ○どこで学ぶのかという自己決定もできます。（方法の自己決定） ○計画を表のように書く子もいれば，すぐに活動を始める子もいます。計画を書かない子については，この後どんなことをするのかを聞きながら，見通しをもてるようにしたいですね。

	るのか考えましょう。	○計画の中で必要な活動
		は，こどもたちを観察
	C 何があったらいいのか，先に決めた方がいい	することで見えてきま
	かな。	す。それを板書しておく
	C 絵をかく時間を1時間くらいとりたいな。	と，他の子のヒント
	C 発表するんだから，大きい声で読む練習を最	になります。
	後に入れよう。	
2 〜 4	○計画を確認し，まずは5時間目に発表できる ように学びをつくる。	
	C 私は，タイムマシンがあったらいいなと思う んだけど，□□さんは何にするの？	○まず，休み時間もよく 一緒に遊ぶ友達と関わ ることにしたようです。
	C ぼくは，空を走るくつか，料理を何でもつく ってくれるロボットか迷っていて…。	○どちらもつくればいい， という発想は，「さす
	C どっちもいいね！ 何であったらいいなと思 ったの？	がこどもたち」と感じ ました。
	C 料理は，家族が喜んでくれると思って。くつ は，学校まですぐに来られるなって。	○自分の立てた計画を見 ながら，「今日はこれ」
	C じゃあ，どっちもつくればいいんじゃない？	と決めて，もくもくと
	C そっか！ でも間に合うかなあ。	学ぶ子もいます。自分
	C 終わったら手伝ってあげるね！	のペースで学ぶ姿も素 敵です。
	C 今日は，道具の名前，使い方，なぜその道具 にしたのかを書こう。書き終わったら画用紙 と段ボールでそれを つくってみよう。	

【右写真】
関わる子，1人で学ぶ子
が混在する教室

	T それいいね。何ていう名前なの？ T 道具の仕組みまで，書いてあるよ！ T「どのように使う道具でしょう？」ってクイズを入れたんだね。もう発表が聞きたくなったよ。 T 色，形，大きさ。絵がなくても伝わるくらい詳しい発表ができそうだね。	○対話をしながら，発表が分かりやすくなる項目をみんなに聞こえるように言っています。
	T「さいごに，みんなによびかける」っていうのは，どんなことを呼びかけるの？ C それは，まだ決まってなくて。 T とっても素敵なアイデアだと思うよ。決まったら，ぜひ教えてね。また聞きに来るね。	○決まっていない子がいたら，自分で決めることを大切にしたいので，あえてその場を離れるようにしています。ただ，必ず見届けるようにします。
5	○友達に発表をする。聞いたら発表に対して質問をする。 T 今日は，友達に発表を聞いてもらいます。そして，聞いた人は質問してください。何のために質問するのか分かりますか？ C 友達の発表がもっとよくなります。 C 質問すると詳しく分かると思います。 **【右写真】** 質問する相手，場所を自分たちで決め お互いの発表を聞き合っている T 絵は見せなくていいの？ C 絵をかいていない人で集まりました。絵がなくても伝わるか聞いてもらっています。もし伝わらなかったら絵をかこうと思います。	○質問することは，こどもではなく私が決めたことです。ですから，その目的を共有する必要があるのです。  ○まさに自己決定をしている姿だと思いました。こどもは，さすがですね。

	Cそれを使うとどんなことができるの？ C色と大きさを教えてください。 Cおすすめポイントはありますか？ C何で，それがあるといいと思ったのか，最初に言った方がいいよ。 Cつくった道具がこわれそうだから，タブレットで写真を撮って，それを見せたらいいと思うよ。	○質問タイムでしたが，アドバイスをする子もいました。質問に答えられない子もいたので，聞いていた子が助けたようでした。 ○タブレットとの親和性が高い単元だと思います。
6	○質問タイムを生かして，よりよい発表になるように学びをつくる。 T質問タイムをやって，よりよい発表にするために，どんなことをするか自分で決めることが大切です。これは「課題」を自分で決めるということです。自分で決めると，やる気も出るし，楽しく学べますね！ C私は，「その道具を使うと，どんないいことがありますか」という質問の答えを最後の呼びかけに入れようと思います。 Tどんな呼びかけになるのかな？ Cこの道具を使うと，時間を戻すことができます。失敗したことがあっても，何度も挑戦できるので，みなさんもぜひ使ってください。 T素敵な呼びかけだね！　前よりもっといい発表ができそうだね。	○新たな課題を自己決定していく大切な時間になります。友達との共有を大いに生かしたいですね。 ○伝えたいことを整理するために，付箋を移動したり追加したりしながら考える子もいます。これも「方法」の自己決定ができていますね。

【右写真】
「よびかけ」という付箋を追加している

	C 発表の練習をしたいので, □□さんとオープンスペースに行ってきます！ C 一緒に動画を撮り合って, 後で見てみよう。	○安全が確認できるのであれば, 場所も自分で決めた方が, 活動の幅が広がります。
7	○発表会を行う。 T 発表は, 三つのグループに分かれます。 　Aグループの人が発表しているときは, BとCのグループの人は聞きに行きます。 　聞いた人は, 質問をしたり, 感想を伝えたりしましょう。 　10分たったら, Bグループ, 次がCグループの人の発表です。 　誰のところに聞きにいくのかは自分で決めます。質問する順番が決まっているわけではありません。発表会も自分で決めて参加しましょう。 C みなさんは, 昔に戻りたいと思ったことはありませんか？ C まずは, この大発明を見てください！ C 寝たまま学校に行きたい。それが, このマシーンがあったらいいなと思った理由です。 C 私は, お父さんとお母さんに喜んでほしいと思って, これを考えました。 C これはスーパーらくらく自動車です。 C 発表を聞いて, その発明がほしいと思いました。ぼくの考えたやつと合体させない？ C いいね！　やってみよう。	○全体の前で発表したり, グループの中で発表したり, その方法は目的や意図によって異なります。ここでは, 発表する子がお店屋さんのように机で待っていて, 聞きにくる子がお客さんのようにやってくるという発表会を行いました。 ○どのように話し始めるのか全体で確認したわけではありません。ですが, まず人を引き付けるにはどうすればいいのかな, という問いを複数の子に投げかけていたら, こどもたちが自分たちで考えていました。 ○こどもたちは, どんどんつながっていきます。話す順番や話し方など

	C 発表を聞いてみて，絵があった方がもっと分かりやすいと思いました。 C 私は絵が苦手なので，かかなくてもいいかなって思って。 C じゃあ，一緒にかこう！ T それでは，全てのグループの発表が終わったので，机とイスを元に戻しましょう。 C 先生，私はBグループだったので，同じBの子たちの発表を聞けませんでした。なので同じグループの子どうしで発表をしたいです。 T たしかに！ じゃあ次回，同じグループの子の発表を聞いてから振り返りをしましょう。	の形式的な部分も大切ですが，それだけでは，こどもの学びにストップをかけてしまうのではないでしょうか。 ○ここまできたら全員聞きたいと思ったそうです。自分で学び方を決めてきたから，このような提案ができたのだと思います。
8	○同じグループの中で発表をし合う。 C オープンスペースにAグループの人は移動しよう。そこで丸くなって発表しようよ。 C ペアをつくって発表しよう。終わったら，終わった人どうしで別のペアを組んで発表しよう。（Bグループ） C （Cグループは，イスだけをもって，扇状の形をつくり）発表する人が真ん中ね。順番にやっていこう。 ○振り返りを行う。 T 振り返りは，とても大切な時間です。自分がどんな学びをつくってきたのかが分かると，	○特に発表の方法を指示したわけではありません。自分たちで声をかけ合って発表をしていました。 ○どんどん進める子の声で方法が決まっていったので，時間があれば，どのように発表するのか，お互いに納得して進められるようになることが課題だと感じました。 ○ここでは，自分らしく学ぶことにつなげるために，視点をしぼりつつ，しぼり過ぎないよ

自分のいいところ，もっとよくしたいところが見えてきます。それが自分らしく学ぶということです。ですから，自分の思ったことをそのまま書いてください。振り返りの視点は三つです。

①自分で決めたことは，どんなことですか。
②この学びをとおして，どんないいことがありましたか。
③これから，どんなことをやっていきたいですか。

うに意識しました。「方法を自分で決められたか」を視点にすることもできますが，あえて広く聞くことで，心の中に残った本物だけが表出されると考えたからです。自分で考え自分で掴んだものは必ず残ると考えています。

❹まとめ

○こどもたちにとって，アイデアが出しやすく，私にとってはアイデアを受け止めやすい単元でした。そのため，「ゆだねる」ことに適していたと考えます。

○このような単元の場合，「伝えたい」「やってみたい」という思いが先行するので，それに先生がブレーキをかけないことが大切です。

○「話すこと・聞くこと」の指導事項については，こどもたちが学びに向かっているので，価値付けがしやすくなります。無理に教え込むのではなく，こどもが気付いたとき，できたときに「さすが」と伝えることでより力が高まっていくと感じました。

〉〉 第４学年（書くこと）「調べたことを整理して書こう」
　　（関連教材「もしものときにそなえよう（光村図書）」）

❶この単元について

こどもの思い

○自分の知らないことを調べてみたい。

○好きなことを調べて，もっと詳しくなりたい。

○どうやって調べようかな。

先生の願い

○文章をよくする，よりよくするという視点で推敲ができるようになってほしい。（B書くこと（1）エとの関連）

○調べたことと自分の考えとの関係を明確にして，文章を書いてほしい。

○長い文章であっても，最後まで楽しんで書き切ってほしい。

❷何を「ゆだねる」のか

○レポートを書いたり，調べたりする「相手」を自己決定できるように「ゆだねる」

○「題材の設定」「情報の収集」「内容の検討」「構成の検討」「考えの形成」「記述」「推敲」といった活動をどの順番でどのくらい取り組むのか「時間」を「ゆだねる」

⋯⋯

　レポートを書くという活動を私が設定したため，「方法」を「ゆだねる」ことはピックアップしていません。ですが，どのように調べるのか，どこで学ぶのか，といった「方法」の自己決定は単元の中で自然に行われています。また，「レポートを書く」という枠の中ではありますが，「今日はどんなことに気を付けようか」という「課題」の自己決定も，こどもたちは個々に行っています。

⋯⋯

❸単元の流れ（12時間）

時間	学びの様子	留意点等
1	○どんな力を付けてほしいのか，先生の願いを共有する。 T 先生の願いは大きく三つあります。（前頁参照）これは，みなさんと1年間学んできて，5年生になる前にやってほしいと思ったからです。確かにそうだと思った人は，ぜひこれを目標に取り組んでみてください。 「私はもうできます！」という人は，自分の目標を設定しましょう。 ○自分がどんな力を付けたいのか，考える。 C 私は，文章を書くとき，すぐに飽きてしまうから，先生が言ってくれた「最後まで楽しんで」という目標にしよう。 C 調べたことをコピペするだけのときがあるから，自分の考えをしっかり書くことを目標にしよう。 C 書き間違いが多いから，推敲することは大切だと思うけど，目標にしていいのかな。何か，つまらなくならないかな。 ○そのために，どんなことを自己決定して学びをつくっていくのか共有する。 T 今回の単元は，レポートを書くことは決まっています。4年生最後の「書くこと」の単元で，長い文書を書けるようになるといいです	○主たる指導事項は推敲ですが，こどもたちの実態から三つを伝えることにしました。ですが，2月ということもあり，十分に力が付いている子もいます。そこで，目標を自己決定できるよう幅をもたせました。 ○これだ，という目標を決めて学んでいくことは，粘り強く取り組んだり学習調整を行ったりする上で大切なことです。ですが，ぼんやりとした目標をもってスタートする子も当然います。それを知っていれば，この後の関わり方が変わってきますね。 ○書くために行う活動は，こどもたちと共有しやすくするために簡略化しました。4年間の国語の学びを通して，一つ一つは経験済です。

	ね。その文章を書くときには，いくつか大切な活動があります。 ①何について書くか決めること。 ②情報を集めること。 ③これでいいかなと考えること。 ④事実と考えを整理して書くこと。 ⑤推敲すること。 Ｔこれをどの順番で，どのくらい時間をかけて学んでいくのかを自分で決めましょう。 また，誰とどこで何を使って学ぶのかも自分で決められるといいですね。	それをどう取り入れていくかが，今回の大きな自己決定になります。 ○先生は，書くことの指導事項を頭に入れておいて，その子の学びに合わせて関わることが大切です。3・4年生の書くことの指導事項は全部で五つです。そう考えると何とかなる気がしてきますね。
2 〜 11	【Ａさんの学び】教科書のモデルを参考に 1.「題材の設定」 2.「情報の収集」 3.「内容の検討」「構成の検討」 4.「考えの形成」「記述」 5.「推敲」 ○題材の設定を行う。 Ａ文章を書くことは苦手だけど，野球は好きだから，野球について調べよう。 高校野球，プロ野球，メジャーリーグのどれにしようかな。それとも練習方法について調べて書こうかな。 Ｔどれもいい題材だね。でもどうして野球が好きなの？ Ａ家族でよく観戦に行きます。それが本当に楽しいんです！ Ｔじゃあレポートを書き終えたときに，もっと	○Ａさんは書くことが苦手だと思っています。理由は，書くことを決められてきたからだそうです。ですから，今回，題材を自己決定できたことが，Ａさんにとってよかったのでしょう。 ○Ａさんは，野球をもっと楽しむために，あえてメジャーリーグについて書くことにしました。そこから，どんな選手がメジャーに向いているか考えて，今後の移籍を予想するようです。

楽しめるようになっているといいね。

○情報の収集を行う。
　自宅からメジャーリーグの本を持ってくる。
　インターネットで調べる。
　元野球部の先生にインタビューに行く。

Ｔいろいろな方法を使い分けて調べることができたね。

○内容の検討，構成の検討を行う。

Ａこの選手のことは，みんなが知っているから載せなくてもいいかな。
　日本とアメリカで違うところは，必ず書くようにしよう。
　文章の「はじめ」で，みんなを引き付けるように投げかけて，「中」で調べたことを詳しく書こう。

○考えの形成，記述を行う。

Ａやっぱり長い文章を書くのは大変だなあ。
Ｔどうしてそう思うの？
Ａ自分が何を書いていたか，よく分からなくなるからです。「今何だっけ」ってなってしまうので。
Ｔ短い文なら書けるの？
Ａそれはいけます！
Ｔじゃあ，前使った付箋を持ってこようか？
Ａああ！　そこに短い文を書いて並べ替えることをやりました。それならできそうです！

○ルール，歴史，有名選手などを本やインターネットで調べ，おすすめの選手やチームをインタビューで調べていました。

○Ａさんは，調べていくうちに，クラスの友達にメジャーリーグのおもしろさを知ってほしいという気持ちになりました。それが検討に反映されていました。

○以前，構成の検討を学ぶ際に行った「付箋を並べ替える」という活動をＡさんに促しました。
「もっと早くこれを思い出していたら，文章が書きやすくなっていたなあ」
とＡさんは言っていました。遠回りのようですが，より強く構成の

○推敲を行う。
○友達と文章を読み合う。

Ａもう書き終わった？
Ｄあとちょっとで書き終わるよ。
Ａじゃあ，終わったら文章を交換して，お互いに読み合おうよ。
Ｄいいね。ちょっと待っててね。

○もらった意見を基に推敲する。

Ａいきなり難しくて，読むのが大変だったってＤさんが言ってたな。他の友達に聞いても分かりにくいって言ってたから，ここはカットしよう。

分かりにくい文章をカットする

【Ｂさんの学び】説得力をもとめて
1．「題材の設定」
2．「情報の収集」「内容の検討」
3．「考えの形成」「記述」

検討の価値を感じたようでした。

○推敲のために，行間を広くとった原稿用紙を用意しました。そこに赤や青で追記できるという使い方も説明しました。
ですが，友達と推敲するということを伝えたわけではありません。
Ａさんは，「Ｄさんは自分の文章をしっかり見てくれる」と思ったそうです。
ここでも「相手」を自己決定する姿を見ることができました。
信頼しているＤさんの意見と他の友達の意見も合わせて，納得して文書を直していました。

○Ｂさんは，1人1台端末の活用が得意です。インターネット検索も難なくこなします。そ

4.「情報の収集」「内容の検討」
5.「考えの形成」「記述」
6.「構成の検討」「推敲」
7.「情報の収集」「内容の検討」
8.「考えの形成」「記述」

○題材の設定を行う。

B水族館で見たサメが大好きなので，題材を迷
　わず「サメ」にしました。
　いろいろな種類がいると聞いたので，調べる
　ことがとても楽しみです。

○情報の収集，内容の検討を行う。
　日本の近くにいるサメを調べる。
　世界にいるサメを調べる。

B見た目も大きさも全然違うな。大きさのラン
　キングがあれば分かりやすくなるかな。
　住んでいる場所で分けて説明した方がいいか
　な。

○考えの形成，記述を行う。

Bまずは下書きをやってみよう。書いてみてか
　ら，伝わりやすくなるように入れ替えよう。

○情報の収集，内容の検討を行う。

の検索するという活動
が，Bさんの書く意欲
を支えているので，こ
のような活動を行いま
した。まさに，Bさん
らしく学びをつくって
います。

○好きだけれど詳しいわ
けではないので，長い
文章を書けるくらい詳
しくなりたいというB
さんの考えは「やりた
い」と「やるべき」の
バランスがとれている
と言えます。

○実際は，もっと細かく
「調べる」と「書く」
を行ったり来たりしな
がら学びをつくってい
ます。
○文書作成アプリを使っ
て下書きを行っていま
す。段落毎に色を変え
て，必要に応じて段落
を入れ替えることをし
ながら書いていました。

○自分の中の想像がどん
どん広がっていき，書

B 一番強いサメはどのサメなのかな。

T それは確かに気になるね。でもどうやって書くのかな。

B 大きさ，速さ，凶暴さは調べると分かるので，そこから，結果を予想して文章にします。

T なるほど。調べて分かったことは事実として，そこから予想した結果は自分の考えになるね。

B サメトーナメントを考えてから文章を書こうと思います！

○考えの形成，記述を行う。
　下書きや，調べたことを基に作成したランキング表，トーナメント表などを文章にする。

○構成の検討，推敲を行う。

B やっぱり表を文だけで伝えるのは分かりにくいから，プリントアウトして貼り付けよう。その方が絶対分かりやすいはず！

○情報の収集，内容の検討を行う。

B みんなが答えてくれたアンケートを見ると，おすすめのサメ，サメが見られる水族館を知りたいという意見が多いから，それを取り入れてみよう。

T みんなの声を聞くと，その人に読んでもらいたいという気持ちが高まるよね。今度文章を書くときは，はじめの方でアンケートをとる方法もあるよね。

きたい思いがあふれてきました。一方で，どこまでが考えで，その根拠となる事実が何なのか分かりにくい文章になるともったいないなと思い，声をかけました。これは，こどもたちの多くの文章で見かけるので注意が必要です。

○今回は，手書きのレポートという活動を設定しましたが，実態に応じて，データで作成する方法も自己決定できるといいですね。

○アンケートフォームでクラスの友達に取材を行っていました。この方法はBさんから友達へ広まっていきました。

	○考えの形成，記述を行う。	○書き終えて，書き手と読み手の思いを行ったり来たりすることができたようです。
	T書いてみてどうだった？ Bサメのことが詳しく知れたのでよかったです。 　まずは，書きたいことを書くことが大事だと思いました。 　でも人に喜んでもらえるのもうれしいので，読みたいものを書くことも大事だと思います。	この両方が大切であることを，こどもたちに伝えていく必要があります。
12	○友達の文章を自由に読んで共有する。 　レポートと感想記入用紙を机上に置き，自由に移動しながらレポートを読む。 ○振り返りを行う。	○ここでは，初めて知ったこと，もっと知りたいこと，という視点を軸に共有をしました。

❹まとめ

○「書きたい」「伝えたい」という思いが，文章を書いたり，推敲したりするやる気を支えていると感じました。書くためのスキルを身に付けることも大切ですが，そもそも「自分から書く」という姿勢にならないと，効果的に学ぶことはできないようです。

○自分のために書くことをスタートしましたが，自然と相手意識が生まれ，誰かのために書くことも目的に含まれていきました。

○「書くことが苦手である」という声をよく耳にするので，そう感じたときこそ「ゆだねる」ことに取り組んでほしいと思います。

〉〉第6学年（読むこと）「メディアと人間社会（光村図書）」
　　「大切な人と深くつながるために（光村図書）」

❶この単元について

こどもの思い

○社会と生き方について考えるのは難しそうだな。

○文章を比べて読むのは楽しそう。同じところや違うところが見付かれば，考えが深まると思う。

○卒業が近付いているから，いい機会になると思う。

先生の願い

○文章を読んで考えたことを共有して，社会や生き方についての考えを広げてほしい。（C読むこと（1）カとの関連）

○6年間の説明文で付けた力を振り返ってほしい。

○社会や生き方について考えることを通して，自分らしさを再確認してほしい。

❷何を「ゆだねる」のか

○教材文，使用するもの，などの「方法」を「ゆだねる」

○誰と学ぶのか，誰とどんな方法でつながるのかという「相手」を自己決定できるように「ゆだねる」

○自分のペースで読み，考えることができるように「時間」を「ゆだねる」

○自分に合った教材文を選んだり，自分に必要な指導事項を目標として設定したりするなどの「課題」を「ゆだねる」

. . . .

　教科書教材を基本に，比較する文章は自分で選んでもよいこととしました。私が選んだ本もあれば，こどもが自分で選んだ本もあります。

. . . .

選んだ本の題名

1	メディアと人間社会	大切な人と深くつながるために		19	メディアと人間社会	FACTFULNESS
2	勉強するのは何のため	大切な人と深くつながるために		20	メディアと人間社会	パワーブック 世界を変えてやるチカラ
3	メディアと人間社会	父が娘に語る美しく、深く、壮大で、とんでもなくわかりやすい経済の話		21	メディアと人間社会	大切な人と深くつながるために
4	メディアと人間社会	教授の異常な弁解		22	メディアと人間社会	大切な人と深くつながるために
5	メディアと人間社会	チーズはどこへ消えた?		23	メディアと人間社会	大切な人と深くつながるために
6	FACTFULNESS	大切な人と深くつながるために		24	メディアと人間社会	大切な人と深くつながるために
7	メディアと人間社会	大切な人と深くつながるために		25	パワーブック 世界を変えてやるチカラ	大切な人と深くつながるために
8	メディアと人間社会	大切な人と深くつながるために		26	十歳のきみへ	大切な人と深くつながるために
9	メディアと人間社会	父が娘に語る美しく、深く、壮大で、とんでもなくわかりやすい経済の話		27	勉強するのは何のため	大切な人と深くつながるために
10	メディアと人間社会	大切な人と深くつながるために		28	Society 5.0に向けた進路指導 個別最適化時代をどう生きるか	大切な人と深くつながるために
11	FACTFULNESS	大切な人と深くつながるために		29	パワーブック 世界を変えてやるチカラ	プログラミングで未来を創る
12	FACTFULNESS	大切な人と深くつながるために		30	メディアと人間社会	続・「AHCC」はなぜ効くのか
13	メディアと人間社会	大切な人と深くつながるために		31	メディアと人間社会	大切な人と深くつながるために
14	日本進化論	大切な人と深くつながるために		32	東大思考	大切な人と深くつながるために
15	メディアと人間社会	大切な人と深くつながるために		33	メディアと人間社会	勉強するのは何のため
16	FACTFULNESS	大切な人と深くつながるために		34	バカとつき合うな	大切な人と深くつながるために
17	メディアと人間社会	日本進化論		35	メディアと人間社会	大切な人と深くつながるために
18	父が娘に語る美しく、深く、壮大で、とんでもなくわかりやすい経済の話	大切な人と深くつながるために				

❸単元の流れ（8時間）

時間	学びの様子	留意点等
1	○教材を通して，社会や生き方について考えてほしいという先生の願いを知る。 Ｔ先生の願いは，社会や生き方について考えること。単元が終わった後，自分らしさを再度考えること。この二つです。 ○６年間で最後の説明文であることを知り，これまでの学びと成長を実感できる機会としていくことを共有する。 Ｔいろいろな説明文を学んできましたね。その力を使って，最後の説明文を読みましょう。もし不安なところがあれば，それをここで身に付けましょう。	○生き方について考えることで「自分らしさ」を考えることになり，さらに社会について考えることで「あなたらしさを受け入れる」ことにもつながる教材であると考えました。 ○Ｃ読むこと（１）のア，ウ，オ，カを低中高で整理した表をこどもに渡し，これまでの学びを共有しました。
2 〜 7	○社会や生き方について考えるために，自分が読みたい文章を複数選ぶ。 Ｃ教科書の文章がどれもおもしろいから，これをじっくり考えたら，自分の生き方を考えることにつながると思うよ。 Ｃこの本もおもしろいよ。人間って思い込みが多いから，もっと客観的に見ないとダメだなって感じる。 ○複数の文章を比較し，特徴を整理する。 ○筆者の考えを受けて，自分の考えをもつ。 Ｃ似ているところもあるけど，やっぱり違うよね。そこが比べるよさだと思う。	○読みながら気になったところを友達とすぐに共有する子。ひなたぼっこをしながら，じっくり読み進める子。図に整理しながら読む子。など，読み方は様々です。 「ゆだねる」からこそ本の世界に浸りやすくなったとも言えますね。

こどもたちが整理した一部

「メディアと人間社会」

・人間の欲求が，いろいろなものを進化させてきた。
・手軽に情報を得られる一方で，フェイクニュースがまぎれることも容易になったから注意する。
・筆者の考えが正論だと思う。これから情報はどんどん進化していくので，それに追い付かなければいけないことが分かった。
・社会を悪いようにも良いようにも大きく変えられるのがメディアだと思う。
・メディアと共存していくべきだと思う。誤った情報もあるが，メディアがあることで情報を知ることができるから。
・メディアには長所も短所もあるから，うまく付き合えば，社会の混乱を少しでも減らせるかもしれないと思った。
・目標も欲求ももちながら，他の人に流されない生き方をしたい。
・メディアとともに生きる。お互いの考えを深め合って生きていきたい。
・間違った情報を信じないで正確な情報を信じる。
・メディアのよい使い方をして，今の生き方をパワーアップさせていきたい。
・メディアとうまく付き合っていきたいと思う。
・メディアをたくさん活用していきたいと思う。でも，人としてコミュニケーションをすることも大事だと思う。
・情報を求めることは必要だが，間違っていたり，勘違いさせられたりするようなメディアには気を付けて生きていきたい。

「大切な人と深くつながるために」

・毎日の積み重ねで，コミュニケーションがみがかれると思う。
・会話をすることで，いろいろなことが深まると思う。
・筆者の言うことも分かるが，コミュニケーションが得意ということは，友達と些細なことでは決して衝突しないことだと思う。
・自分の意見を推し続けるのはいいことだと思うけれど，周りの意見を聞いた方が，いろいろな想像もできるし，そっちの方が楽だと思う。

・他者と理解し合って生きていくことが大切だと思う。
・これからは何かを議論する前に，しっかりと調べてデータを頭に入れて冷静に議論を行っていきたい。
・みんなに合わせて，大人になったら好きなように生きたい。
・医者になる。その上で，人とのコミュニケーションを得意にして，患者さんの悩みによりそってあげたい。
・みんなが楽しい生き方を選べる生活。
・友達に合わせればうまくいくと思っていたが，本音を言い合う必要があると考えるようになった。
・人と物事を共有しつつ，コミュニケーションを意識して生きる。
・苦しいことがあっても，くじけずに自分の目標に向かってがんばることができる生き方。
・周りを助けるのもよいが，もう少し自分の意見を強く言って生きていきたいと思う。
・周囲に合わせることの方が多いので，本当にしたいことや意見を主張したりして，コミュニケーションを得意にしていきたい。
・コミュニケーションの大切さを知ったため，インターネットに頼らずに，人と人とのコミュニケーションも多くしていきたいと思う。
・自分の意見を分かりやすく伝え，納得してもらえるようにする。
・人と人との関わりを大切にして，コミュニケーションをとって，平和な世界にしたい。

「その他の本」
・お金持ちも権力者も貧しい人も，同じ影響を受けないとだめだと思う。
・人は，自分が目指すとおりの人間になる。
・焦る前に考えるようにしたい。情報を集め判断することにつながる。
・変化に素早く気付いて行動するというが，変化そのものが分かりにくいのではないか。
・テクノロジーと手を組むことで，表現の自由がなくなることにつながるのではないかと思った。
・機械によって人生が変わり，格差が広がったことで，生活が楽になるどころかストレスが大きなものになっている，と言うが，全てそうだ

とは思えない。楽になっていることもある。

・一つのことだけでなく，違う世界を見ることも生きていく上で大切だと思う。
・目標を自分でもって，自分で未来を創っていき，人に流されない生き方。
・失敗をする前に，その予兆（変化）を捉え，失敗しないようにする。
・物事を別の視点から捉えて，正しい判断をする生き方。
・変な情報に流されず，不可能を可能にする生き方。
・機械中心の社会になる中でも，機械に負けないように，いろいろなことに挑戦したい。
・いじめを止めたい。
・自分の意志を強くもって生きていこうと思った。
・1人だけではなく，みんなと分け合って生活できる生き方。
・現在の社会と，これからの社会で，生き方を切りかえられる人になりたい。
・小さなところから差別をなくす。そして，世界から差別をなくしたい。
・一人一人が自分の考えをちゃんともち，また，知識をたくさん得て，一人一人が未来を変えていく社会。

○自分の考えをまとめ，他者と共有し広げる。 Cみんなの考えが掲示板にアップされているから読んでみよう。 C私と反対の考えをもっていると思うから，一緒に考えを共有しよう。 Cチャットに自分の考えを書いたら，みんながたくさん返信してくれたので，考えが広がったと思う。	○多様な考えが生まれた背景には，こどもたちが自分で読み方（学び方）を決められたこと，共有の方法やタイミングも自己決定できたことがあると考えます。
8	○共有し広げた考えを踏まえて，もう一度自分の考えをまとめる。 C私はこれからの生き方について，じっくり考えました。最初に思いついたのは，「将来の	○こどもたちが自分の考えをまとめる際に，私がプリントを用意したり，文字数を指定したりすることはありませ

夢に向かって生きる」という大きなものでした。さらに考えを深めるために，文章を読んだり，友達の意見を聞いたりしました。

文章を読んで考えたことは，「インターネットなどのテクノロジーとうまく付き合っていきたいということ。ただ，それに頼りすぎず人との直接のコミュニケーションも大切にしていきたい。」ということです。これは二つの文章を比べながら読んだので，どちらも大切だと思えました。

友達の意見を聞いて考えたことは「どんなものにも長所と短所があるから，それを分かった上で，使い分けていく」ということです。

そこで最後に私が考えた生き方は「いろいろなことを知って，何かにかたよることのないように判断して，両立できるような生き方」です。私はジャーナリストになりたいので，この生き方は夢にもつながると思います。そして，かたよらない伝え方をすることで，平和な社会を実現したいです。

○振り返りを行う。

この学びを，どう今後につなげていくか，未来志向の振り返りを行う。

ん。

自分の学びを信じて，考えたことを表現するだけだよ，と伝えただけです。

○手を貸したり，声をかけたくなったりするものですが，6年生の3学期です。「ゆだねる」ことをしたら，あとは見守るということも大切なのではないでしょうか。

○もちろん困っている子には声をかけます。そのときには，その子から思いを引き出せるように，どこで心が動いたのかを問うようにしています。

❹まとめ

○四つの自己決定ができるように，「方法」「相手」「時間」「課題」の全て
を「ゆだねる」と，全体への指示はほぼなくなります。

○心理的安全性がゆらいでいる子もいます。そうした際に，直接の共有で
はなく，掲示板の書き込みを見たり，チャットでやりとりをしたりする
共有も効果的であると感じました。

○本に浸りながら，ゆるやかに友達とつながる空間をつくることも大切で
す。教室と他の場所を使うならば，隣のクラスの先生と相談して，二つ
の教室を見る先生と，別の場所を見る先生とに別れて行うこともできま
す。従来の教室にとらわれることなく，環境を工夫してみましょう。

環境の工夫の例

第**4**章

完全自由進度学習の進め方

1年を通して「ゆだねる」

第4章では，1年を通した実践について，こども
たちの学びの様子を軸に紹介します。

1 完全自由進度学習のポイント

　完全自由進度学習では，より長く広い視野でこどもたちに「ゆだねる」授業を行っていきます。ここでのポイントは授業を考える上で当たり前のことばかりです。ですが，当たり前のことほど難しいものです。近道はないと再確認して，粘り強く取り組んでいきましょう。

〉〉 こどもたち一人一人の実態を知ろうとすることを続ける

　授業を考える際に，こどものことを知っていなければスタートできません。研究授業などで指導案を目にすることがありますが，必ずと言っていいほど「児童の実態」について述べられています。

　しかし，一人一人の実態について書いてあるかといえば，そうでないことが多く見られます。指導案にある「児童の実態」は，「児童の傾向」と言っていいでしょう。その傾向に対して，おおよその手立てをうつ。これが今までの研究授業のあるあるでした。個別最適とは反対のことのようにも見えますね。

　では，なぜ一人一人の実態を知り，一人一人に合ったアプローチをしないのでしょうか。答えは単純で「大変」だからです。先生方は日々いそがしくお仕事をされています。1単位時間の授業の中で，35人全員のことを知り，35通りのアプローチをすることは本当に大変なことです。まして研究授業となれば，この時間で何とかしなければというバイアスは強まるばかりです。結果，一見効率のよさそうな方法が指導案に書かれることになるのです。

　そこで「ゆだねる」授業の登場です。特に完全自由進度学習であれば，大変だと述べた一人一人の実態を知り，一人一人に合ったアプローチをすることが，大変ではなくなります。

　早速，大変になっている要因の「この時間で何とかしなければバイアス」

を外し，長く広い視野で授業を捉えてみてください。国語の指導事項に限ってみれば，2年間で数十個であることが分かります。「何とかしなければ」という考え方から「何とかなる」に変わりませんか。

　細分化して全てを点として捉え，一つ一つ取り組んでいったら，シンプルにはなりますが切りがありません。そうではなく，抽象的に統合して捉えるのです。これは，1単位時間の授業を軽視しているわけではありません。その1時間分に本気で取り組むことは同じです。長く広く見ることで，ずっと肩に力を入れる必要がなくなり，ゆとりをもって取り組むことができるのです。つまり，手を抜くのではなく力を抜くというイメージです。

　「知ろうとすることを続ける」と書いたのは，他者のことを本当に知ることはできないと考えているからです。「実態を知る」ことはできなくても，「知ろうとする」ことはできますし，それを続けることで関係ができていくのだと思います。

　「知ろうとすることを続ける」ということは，こどもたちの実態をアップデートし続けることとも言えます。「あの子は，おとなしい」「あの子は，リーダー」「あの子は…」というように，実態を知ったら（あるいは，知ったつもりになったら）そのまま接していることはないでしょうか。国語の授業においても「あの子は，音読がうまい」「あの子は，作文が苦手」「あの子は，国語が得意」「うちのクラスは，国語が好きじゃない」というイメージを，ずっと引きずったまま授業をしていることはないでしょうか。

　悪いイメージをもったまま接していたら，それはそのまま伝わります。「書くことが苦手」だからといって先生が支援を続けていたら，逆にその子は成長できないかもしれません。ですから，ここでも観察と対話です。「どうして苦手なのかな」「どんなことなら書くのかな」「好きなことは何かな」と知ろうとすることを続けていくことが大切です。そうすることで，その子の小さな変化，小さな成長にも気付くことができ，先生の中にあるこどもの実態をアップデートすることができるのだと思います。

ちなみに，悪いイメージではなく，よいイメージをもって接することは素敵なことです。ですが，よいイメージだからといってアップデートしなくていいということにはなりません。実態とずれていることについて「いいね」と言われても，負担になるだけということもあります。よいイメージをもって「こうなってほしい」と願いを伝えることは大切ですが，「あなたは，こんな子」と決めつけるのは，避けたいものですね。

　これらのことは，当たり前のことです。ですが，それを続けることは大変なことです。こどもたちに「ゆだねる」授業を行い，自由な進度で学びを進めることができるようにすることで，これまでよりもこどもを見取ることができます。一人一人を知ろうとするために，近付いて視野をせまくするのではなく，広い視野と行ったり来たりしながら，観察・対話を行ってみてください。

〉〉 心が動くように，本物に出会うことをアシストする

　完全自由進度学習は，とても長いスパンの取組です。学び続けるためには「やりたい」と思うことをきっかけとして，心が動いたかどうかが大きなポイントだと思います。心が動くかどうかは人それぞれですが，私は本物に出会うことで心が動くのではないかと考えています。アシストという表現を使ったのは，心が動くかどうかは本人次第だからです。ゴールするのは本人だからこそ，そこに結びつくアシストをできる限り生み出したいですね。

　例えば以下のようなことが挙げられます。

○学校外の方と出会うこと。
　　ゲストティーチャーに出会う。社会科見学で職人さんに出会う。町を探検して地域の方に出会う。など学校で出会うのは友達と先生だけではありません。ゲストティーチャーのお話に深くうなずいたり，地元のパン屋さんの技術に感動したりするこどもの姿を想像できますよね。開かれた学校とは，こ

どもの心が動くために大きな役割を果たすと考えます。こどものうちにこそ，より多くの人に出会い，よい刺激を受けることが大切です。そして，その人は何かに一生懸命取り組んでいる本物の人であってほしいと思います。

○季節や自然を感じるものに出会うこと。

　国語の教材には，季節や自然を感じられるものがたくさんあります。そうしたときに，教室の中だけで授業が終わっていないでしょうか。

「春のにおいって，どんなにおいだろう？」
「新緑って，どんな色，どんな木なのかな？」
「大寒はどのくらい寒いのかな？」
「タンポポのじくは，どんなのび方をしているのかな？」

　ちょっと外に出るだけで，本物に出会うことができます。身近なところにも心が動くものはたくさんあるのです。さらに，全身を使って感じたものを言葉とつなげることで，自分の中のより深いところで納得できるのだと思います。

　校外学習の機会も，とても貴重なものです。山や海など雄大な自然にふれたとき，動植物などの生命の尊さを感じたとき，少なからず心が動いているはずです。例えば，同じ俳句を詠むという活動でも，山頂で詠む句と教室で詠む句では，よさが異なるかもしれません。行事が見直される傾向もありましたが，今こそ大切にしてほしいものですね。

○創造的なものに出会うこと。

　創造的なもの，という表現が適切かは分かりませんが，自然とは異なり，人の営みによって生まれた創造的なものという捉えで述べています。

　音楽と出会う，アートと出会う，文学作品と出会う，など，作品との出会いや作品を通したアーティストとの出会いも心が動く場面の一つです。伝統

工芸品を見たり，高層ビルを見たりしても心が動くことでしょう。いらなくなった機械をバラバラにして，その複雑さや精巧さに感動したことがある人もいるかもしれません。

つまり「人の力」や「人が生み出したものの力」を感じたときにも心が動くということです。これも大切にしていきたいことの一つですね。

○先生自身が本物になること。

こどもにとって身近な存在である先生自身が本物であれば，こどもの心が動くチャンスが大きく増えます。では，どうすれば本物になれる（近付ける）のでしょうか。

私は，「学び続けること」以外にないと思っています。

教材研究をすること。先輩に質問すること。研修に参加すること。本を読むこと。趣味に没頭すること。それを学びだと振り返り，自分の中に落とし込むことができれば，ありとあらゆることが学びになっていきます。そう考えると「学び続けること」もできそうな気がしませんか。

やらされるのではなく自分から学ぶことが大切です。こどもたちに主体的に学んでほしいと願うならば，まずは先生が学ぶのです。学んでいる先生の言動は，必ずこどもへ広がっていきます。それが先生という本物に出会うということです。

「あの先生の話は聞く。なぜならこわいから」ではないのです。「あの先生の話を聞きたい。なぜなら心が動くから」となれるように，先生自身が学び続けていきたいですね。

．．

1人1台端末のおかげで，自然や芸術などを動画で見ることも簡単にできるようになりました。素敵な先生の動画もたくさんあります。ですが，やはり本物に直接出会う方が，心がより大きく動くのだと思います。

また，本物に出会う機会は家庭でも設けているはずです。もちろんそれも大切です。ですが，学校として本物に出会うとき，そこには友達や先生がい

るはずです。家族とは異なる共有がなされるはずです。だからこそ，家庭だけでなく学校でも本物と出会えるようアシストしていきたいですね。

〉〉 こどもが，自分自身のことを知ることができるようにする

　自分のことを知ることは，何事においても成長へのカギとなります。自分が何を目指し，何が好きで，何が嫌いなのか。そこから，どう次の一歩を出すのか。それを知るために「振り返り」は欠かすことができません。そして，振り返りをすることで，自分の「やりたい」と「やるべき」の両方が見えてきます。

　振り返りの方法，タイミング等は様々なものがあります。それこそ実態に合う振り返りをすることが最も大切です。ここでは，今年度こどもたちが取り組んでいる振り返りを紹介します。

　このふりかえりを行う理由は二つあります。一つは，あなたが「生きたいように生きる力」を付けるためです。もう一つは，あなたが「他者の生きたいように」を「受け入れる力」を付けるためです。

　これは「自分らしく学ぶ」ことと「あなたらしく学ぶことを受け入れる」ということと同じで，行ったり来たりすることが大切ですね。

　ふりかえりは，週の最初の国語の授業で行います。できなかった人は，家でやってもいいですし，自分のタイミングでやってもいいです。

　ふりかえりを記入するときは，うそをつかないでください。本当の自分の記録を残すことは，必ずあなたのためになります。

　少し時間はかかりますが，ご協力よろしくお願いします。

1　名前

2　振り返った日

3　教科書のどこを学びましたか？

　教科書のどことつなげて学びましたか？

　（教科書以外の）何とつなげて学びましたか？

---

4 四つの自己決定について教えてください。
　① どんな課題に取り組みましたか？
　② どんな方法で学びましたか？
　③ 誰と学びましたか？
　④ 時間をどのように調整しながら学びましたか？
5 その学びによって，どんな力が付いたと思いますか？（複数回答可）
　□なぜ学ぶのかを考えたり決めたりすること
　□どのように学ぶのかを考えたり決めたりすること
　□他者と一緒に学ぶこと
　□他者の考えを聞くこと
　□他者に思いやりをもつこと
　□自分を大切にすること
　□【言葉】言葉には，考えたことや思ったことを表す働きがあることに気付くこと
　□【言葉】漢字，ひらがな，カタカナ，ローマ字を使い分けること
　□【言葉】句読点をよいタイミングでうつこと
　□【言葉】漢字を書いたり読んだりすること
　□【言葉】言葉の量と質が豊かになること
　□【言葉】文や文章の仕組みが分かること（主語，述語，修飾語，指示語，段落など）
　□【言葉】書いたり話したりするときの言葉づかいに気を付けること
　□【言葉】文章の組み立てや内容を考えて音読すること
　□【情報】自分の考えが，どんな理由や事例に支えられているか考えること
　□【情報】中心となる情報を見つけること
　□【情報】具体的なことと，大きなまとまりのことを，行ったり来たりしながら考えること

□【文化】俳句や短歌を楽しむこと

□【文化】ことわざ，慣用句，故事成語などを使うこと

□【文化】漢字のつくりを知ること

□【文化】書写で学んだことを使うこと

□【文化】読書を楽しむこと

□【話す・書く】何のために話す（書く）のかを考えて，テーマを
　　　　　　決めたり情報を集めたりすること

□【話す・書く】相手に伝わるように，自分の考えと理由や事例を
　　　　　　セットで話す（書く）こと

□【話す】話の中心や，話す場面を意識して，工夫して話すこと

□【聞く】相手の伝えたいことや自分の知りたいことを聞いて，自
　　　　分の考えをもつこと

□【話す・聞く】意見の同じところ，ちがうところを考えて，お互
　　　　　　いが納得できるように話し合うこと

□【書く】中心が分かりやすくなるように文章の構成を考えること

□【書く】文章が正しいか，相手や目的に合った文章になっている
　　　　か確認すること

□【読む】段落のつながりを考えて，筆者が伝えたいことやそれを
　　　　支える事例を読むこと

□【読む】中心となる言葉や文を見つけて，要約すること

□【読む】文章から，登場人物の行動や気持ちをとらえること

□【読む】登場人物の気持ちの変化や性格，情景を，場面とセット
　　　　で想像すること

□【読む】読んだことから，考えや感想をもつこと

□【共有】一人一人の感じ方にちがいがあることに気付くこと

□【共有】自分のよさと相手のよさに気付くこと

□何にも力は付かなかった

□その他

6　なぜ，あなたは学ぶのですか？
　　7　あなたの最近の学びは星いくつですか？　☆☆☆☆☆

　これは４年生のこどもたちが取り組んでいる振り返りです。アンケート集計フォームを使用して集約し，個々の振り返りの蓄積はこどもたちに返すようにしています。
　「5　その学びによって，どんな力が付いたと思いますか？」の項目は，中学年の指導事項からつくったものです。
　この振り返りがルーティンのようになってほしいと思い，毎週同じタイミングで実施してきました。しばらくすると，休み時間のうちに振り返りをすませ，「振り返ったことで，今日から何をどんな気持ちで学んでいくか準備できています！」という子も見られるようになりました。ゆくゆくは自分のタイミングで振り返りのできる人になってほしいと思っていたので，繰り返し取り組んできてよかったと思いました。
　そして，振り返りを行うことで，次の計画を立てる子が増えていきました。そこで，より計画を立てやすいように，金曜日に行っていた振り返りを，月曜日に行うようにしました。「土日があることで忘れてしまうのでは」という意見もあったので，心配な子は自分のタイミングで行うことにしました。ですが，自分でつくった学びであるため，先週のことでもしっかり振り返りを行うことができました。

　振り返りとともに自分自身のことを知る方法として，定期的にテストを行っています。指導事項ごとに問うことができるテストを自作したり，県のホームページから問題をダウンロードしたりして行っています。本校は単元ごとのテストを実施していないため，このテストも自分を知る重要な機会となります。
　ただ，平均点を示すことはしません。自分のことを知るために行っているので，他者との比較をする必要がないからです。また，１度だけでなく同じ

テストを何度も受けることができます。課題を克服して再度チャレンジし，結果をうれしそうに見るこどもの姿から，大きく成長したことを感じます。

　ペーパーテストで，全ての指導事項の定着を問えるのかどうかは分かりません。ですが，自分を知るためには有効な方法だと捉えています。

・・・

　こどもたち一人一人の実態を知ろうとすることを続ける。
　心が動くように，本物に出会うことをアシストする。
　こどもが，自分自身のことを知ることができるようにする。

・・・

　こどもたちに「ゆだねる」ことをしながら，この三つのポイントを大切にして完全自由進度学習を行っていきます。

　どのようにして１年間の学びをつくっていったのか，次頁より記述していますので御覧ください。

2 授業モデル（第４学年）

〉〉 １年の序盤 「自分らしい学び方」を模索する

　段階をイメージしやすくするために，序盤，中盤，終盤と表記しましたが，こちらがイメージしておくものの，こどもたちを当てはめるものではありません。こどもを尊重することが重要であることは繰り返しお伝えしたとおりです。そのため，「序盤がいつまでなのか」と問われたとしても，明確な答えがあるわけではありません。私が一緒に学んだクラスの場合は，５月末頃までが序盤だったなと今は思います。

　４月。さあやってみようと「ゆだねる」授業をスタートしました。すると次のようなことが起こりました。

．．．

○計画を立てることができない。
○学ぶ場や学ぶ方法を，理由もなく選んでいる。
○ずっとタイピングゲームをやったり動画を見たりしている。
○自分の考えを表現せずに，コピペのみで仕上がったと言う。
○「こんな感じでやっておけば，怒られないかなあ」という雰囲気だけよさそうな活動をする。
○さらっとやって，浅いまま終える。
○最後までやり抜くことができない。
○人に関わることができない。
○やる気が出なくて，何もしない。

．．．

　それもそのはずです。これまで，こんなにも「ゆだねられた」経験がないのです。まずは「自分らしい学び方を探してほしい」ということを伝え，こ

どもたちと一緒に学びをつくっていくことにしました。

　誤解しないでいただきたいのは，このクラスのこどもたちは，みんな素敵な子です。担任の先生とともに素敵な雰囲気をつくっています。つまり，少なからず心理的安全性があるクラスでした。だからこそ，「方法」「相手」「時間」「課題」の全てを「ゆだねる」完全自由進度学習を始めることができたのです。では，こどもたちは，どのように学んでいったのでしょうか。

Aさん：計画ばっちり。目次にそって，何を何月までにやろうかな。

　Aさんは，まず目次に注目しました。そして，私が配付した簡易の年間指導計画と比べました。

「この単元は，6月くらいにあるのか。それなら前の単元を6時間で取り組むようにしよう。毎週5時間も国語があるから，きっといいペースで学べると思う」

　そして，計画づくりが始まりました。Aさんは，単元名を書き出し，「読むこと」や「書くこと」といった領域についても併せて書き出しました。計画をノートに書く子や，目次に書き込む子，年間指導計画に書き込む子が多い中で，Aさんは，1人1台端末の文書作成アプリを使って自分の計画をつくりました。

　こだわって計画を立てたので1週間ほど計画づくりを行いましたが，本人は納得して学びを始めることができたようです。また，4年生の上の教科書について計画を立てることができたので，2学期途中までの見通しがもてたこともうれしかったようです。ちなみに，教科書の下を用いて計画づくりを行った際には，このAさんの計画づくりをマネする子も表れました。

　私がAさんと関わる際に心がけたことは，①計画を立てることは素晴らしいということを伝えること，②でも計画どおりに行かないこともあるから柔軟に考える大切さを伝えることの2点です。ここでも行ったり来たりの考え

に基づいていることが，お分かりいただけると思います。

　こうして気持ちよく１年のスタートを切ったＡさんは，この後も素晴らしい学びをつくっていくことになるのです。

Ｂさん：モンスター育成ゲームが大好き！　よし，攻略本をつくろう！

　Ｂさんは自分の「やりたいこと」にまっすぐ向かっていきました。一番おもしろそうな単元を最初に行うことを決め，それ以降のおおよその計画を立てると，すぐに学びをスタートしました。

　Ｂさんが最初に選んだのは「新聞をつくる」単元でした。「書くこと」の力を付けやすい単元であることを伝えると

「書くことが好きなので自分にピッタリです！　でも書きたくないことを書かされるのは嫌だなあ。何の新聞にするのかは自分で決めていいですよね？　じゃあ，大好きなモンスター育成ゲームを調べて新聞にしよう！」

　好きな題材を設定できたＢさんは，ものすごい勢いで新聞を書いていきます。私はＢさんを観察しながら，「相手意識や目的意識が見えづらいな」と思っていました。とはいえ，ここで「誰を？」とか「なぜ？」を問うことでＢさんの学びに水を差したくなかったので，しばらく見守ることにしました。

　数時間がたった頃，完成した新聞をうれしそうに見せてくれました。大好きな題材だけあって，とても詳しく書いてあります。私は，①文章と図や写真がつながっていて，とても分かりやすい新聞であること，②調べた事実だけでなく，自分の考えもはっきりと書いてあることについて，その価値を伝えました。満足そうなＢさんを見て，見守ってよかったと思いました。

　そこで，あのとき聞けなかった質問をなげかけてみました。

Ｔ：この新聞は誰に読んでもらいたくて書いたの？
Ｂ：このゲームをやったことがない人です！

Ｔ：なるほど。じゃあ何のためにこの新聞をつくったの？

Ｂ：このゲームのよさを伝えて，やってみたいと思ってもらうためです。

　Ｂさんは，相手意識も目的意識も自分の中に明確にもっていたのです。改めて見守ってよかったと思いました。ですが，その意識が表出されていないと私が感じたことも事実です。そのことを誠実に伝えることにしました。

Ｔ：自分の中に，はっきりとした理由があることは素晴らしいよね。ただ先生は，誰に読んでほしいのかが分かりにくいと思ったよ。知らない人に伝えるには，難しい言葉や解説が多いし，でも詳しい人にとっては当たり前の情報な気もするよ。ターゲットに合わせた文になると，もっと素敵な新聞になると思うな。そもそも，Ｂさんがやりたいことをやるためには，新聞が一番いい方法なのかな？

　Ｂさんは，しばらく考えていました。言い過ぎたかなと反省をしていると，Ｂさんが声をかけてくれました。

Ｂ：やっぱり，やったことがない人だけじゃなくて，やったことがある人にも詳しく伝えたいです。でも新聞だと伝えきれないので，攻略本をつくることにします！

　まさか攻略本とは思いませんでした。ですが，とてもおもしろそうなチャレンジです。私は，とても楽しみだという思いを伝えました。

　ここからのＢさんは，どんどん学びを広げていきます。攻略本ともなると多くの情報を必要とするので，友達に声をかけ４人で一つのものをつくることにしました。「ぼくたちは会社をつくった！」と宣言し，役割分担をしながら手際よく進めていきます。話しかけるたびに，新しいことを教えてくれるので，私は安心して見守っていました。

こうしてＢさんを中心に学びをつくっていくのですが，しばらくすると，この活動に４人とも取り組まなくなってしまいました。

大型モニターで情報を共有するＢさんたち

Ｃさん：今日は，もう眠いので。ちょっと休みます。

昔の私だったら衝撃を受けていたと思います。ですが，観察と対話を大切にするようになった今の私は落ち着いて見ることができます。

Ｔ：そういう日もあるよね。「よし！」って思ったら教えてね。
（少したってから）
Ｃ：先生，もう大丈夫です！　スッキリしました。
Ｔ：それはよかったね。眠くなるようなことがあったの？
Ｃ：塾の宿題を遅くまでやっていたので，眠さが限界でした。でも吉野先生が，「学びに向かえないときは誰にでもあるから，そのときは正直に伝えてください」と言っていたので，伝えてみました。

これを私に伝えられたということは，少しずつ心理的安全性が生まれているのかなと思いました。そして，「眠かったけれど，もう大丈夫」と言えることは，自分のことを調整できたということなので，そこに大きな価値があるということを伝えました。
　実は，「正直に伝えてください」という話をしてから，「今日はちょっと」

という子が意外といることに気付きました。ケンカをしたから，お腹が痛いから等，理由は様々ですが，困っていることを伝えられることは素晴らしいと捉えています。我慢して，我慢して，「もう無理だ」とならないようにするためにも，心理的安全性が土台にあることは重要ですね。

　しかし，理不尽な我慢を強いることは間違いですが，やらないままでいいのかと問われたら，答えはＮＯです。自分のことが分かって，今は難しいと思っても，そこから自分を調整することが大切であると考えます。まさにＣさんのことです。

　これ以降，Ｃさんは自分を調整する力がどんどん付いていきます。それはＣさんだけでなく他の子も同様です。私は，自分を受け入れること，自分を調整することを妨げず，その子を尊重したというだけでした。何か特別なことをしたわけではありませんが，それが学びをつくる上で大切だと改めて感じました。

Dさん：やりたいことって何だろう。これをやってもいいのかな。

　Ｄさんは，やりたいことが見付からない，何をやっていいのか分からない，ということを言っていました。好きなこと，できるようになりたいこと，困っているから何とかしたいこと等，言葉を変えて問いかけることを続けました。質問のシャワーのようになってしまうとＤさんの考える時間を奪ってしまいますし，何より疲れると思ったので，問いかけて，しばらく見守って，また問いかけて，ということを繰り返していました。

　１週間くらいたってから，Ｄさんが声をかけてくれました。

Ｄ：やりたいことが見付かりました。

Ｔ：やったね！　教えてくれてありがとう。というか，１週間も考えたことが素敵だよね。どんなことをやりたいのかな。

Ｄ：やりたいことっていうか，好きなことなんだけど。ぼくは，工作が好きだから，それをやりたくて。でも国語の時間に工作をしていいのか迷っ

ていて…。

　みなさんは，どう声をかけるでしょうか。そもそも工作をやりたいと言える雰囲気があるでしょうか。

　私は，正直驚きました。学んだ後に，それを表現する方法として何かをつくるということはありましたが，「まず工作」という発想が，私のイメージする国語の授業になかったからです。ですが，「あなたらしく学ぶことを受け入れる」と思っていたので，そのバイアスにとらわれることはありませんでした。

T：それは，おもしろそうだね！　ぜひやってみよう。つくりたいものは決まっているのかな。

D：実は，「白いぼうし」を読んだら，それをつくりたくなって。中に夏みかんを入れてみようと思っています。

T：やりたいことを見付けるって本当に大変なことだけど，考え続けてよかったね。教えてくれてありがとう！

　「白いぼうし」（光村図書）は，４年生の教科書の最初に掲載されている物語です。魅力的な人物が登場し，場面ごとに印象的な出来事が起こるこのお話は，精査・解釈の指導事項を学ぶことに適しています。

　私は，Dさんの話を聞きながら，この指導事項につながるように価値付けようと思いました。「夏みかんの前は何が入っていたんだっけ？」「夏みかんを見付けたとき，どんな気持ちだった？」「その気持ちは，登場人物の男の子も同じかな？」「松井さんはどんな気持ちかな？」などの問いかけを，楽しそうに工作するDさんを見守りながら行いました。そして，Dさんが答えるたびに，「工作と国語の学びがつながったね」ということを伝えていきました。

　やりたいことがすぐに見付かる子もいれば，時間のかかる子もいます。さ

らに，やりたいことが何度も変わる子もいれば，変わらずに続ける子もいます。それぞれが素敵な個性をもっている中で，先生にできることは「こどもは学びたいと思っている」と信じることです。Dさんをふくめ，こどもたち全員を信じ抜くと決めて，この1年がスタートしました。

〉〉 1年の中盤 「やりたい」と「やるべき」のバランスをとる

　5月末。「自分らしい学び方」が少しずつ見えてきたところで，大きく二つの課題に直面します。

　一つめは，せっかく35人で学んでいるのに，そのよさを生かせていないという課題。二つめは，自分の「やりたいこと」に素直に向き合う一方で，それだけになってしまい，学びが広がっていかないという課題です。

　この課題を解決するために，いつものように対話を繰り返すのと同時に，三つの手立てをうちました。それが「10分間トーク」と「テストトーク」と「ゴリラトーク」です。

10分間トーク「自分らしさを伝え，35人で学びを広げよう」

　10分間トークは，一つめの課題に対する手立てです。これは，発表したいという子の話を全員で聞き，意見を伝え合う時間です。10分間トークは，以下のような経緯で生まれました。

....

○一人一人の学びが充実してきた一方で，35人で学ぶよさを生かし切れていない，という課題を私がこどもに伝える。加えて，1人で学ぶよさ，複数の人と学ぶよさ，クラスみんなで学ぶよさを伝える。

○それは理解できるし，みんなで学ぶこともやった方がいいと思うが，自分の学びの時間が減ることは心配だ，という意見がこどもから出る。

○それぞれの意見をふまえて，どっちもやればいいという意見がこどもから出る。

○どちらも尊重できるような，ちょうどいい案を考えた結果，10分間は発表者

に協力しようということになる。また，協力することは自分の学びにもなると気付き納得する。

．．

こうして始まった10分間トークは，数か月後には待ち望む子が出るほどになってきました。授業の開始10分がその時間にあたり，開始時刻前から発表者が準備し，聞き手も集まりだすというルーティンになっています。結果，授業開始の号令もなくなりました。時間になったら学びたいので集まるという流れは，とても素敵なことだと思っています。

10分間トークの様子

発表者は自分が発表したいと思ったときに，予約をします。もちろん「いつ」「どのような方法」で発表するのかも「ゆだねる」ようにしています。ここでは，いくつかの10分間トークを紹介します。

私の大好きな鉄道の魅力を知ってください！

これを発表してくれた子は，もともと大好きな鉄道と国語の学びをつなげて「自分らしく」学んでいました。おもしろい資料ができ始めると，それを誰かに伝えたいという気持ちが芽生えたそうです。

「鉄道に興味がない人にも，鉄道の魅力を知ってほしい」

この目的に向かって資料のクオリティはどんどん上がっていきました。その資料を作成する中で，「書くこと」の指導事項が身に付いていくことが分かりました。さらに10分間の発表を意識することで，「話すこと・聞くこと」

の指導事項も身に付いていきました。

「実際の駅の写真を入れよう。おもしろい駅名の写真なら興味をもってくれるかな」
「運転をシミュレーションできるアプリを紹介してみよう」
「自分で空想の鉄道をつくって，オリジナル路線を提案しよう」

　鉄道に関するアイデアは，とどまることを知りません。この熱量が，他のこどもにも広がっていきます。乗り物が好きな別の子は，鉄道の博物館に行き，体験したことをもとにパンフレットを作成していました。
　私は，自分の考えとそれを支える理由を明確にして書くことや，一番伝えたいことを明らかにすること，写真と文章との関係を確かめることなどを個々に伝えました。
　実際に10分間トークを行うと，「やってみたい」「乗ってみたい」「もっと知りたい」という声がたくさんあがりました。それだけでなく，

「誰が読んでも分かりやすい言葉を使うといいよ」
「見出しを強調する方が，ひきつけられると思う」
「プレゼンテーションアプリを使って資料をつくっているなら，動画をはり付けるなど，アプリにしかできない表現を入れた方がいい」

というアドバイスも伝えられました。発表した子たちは，それを聞いてとても満足そうでした。そして，すぐに資料の修正を始めていました。最終的には，この資料を国土交通省に送るところまでを計画しているそうです。
　個から友達，学級へと広がりを見せた10分間トークとなりました。

パソコンを使わなくても，カメムシのおもしろさを伝えられます！

　10分間トークでは，1人1台端末で作成した資料をモニターに投影しなが

ら行うという方法が主流でした。それを促した訳ではないのですが，やはり友達のトークがおもしろい，資料が分かりやすい，といった点に惹かれて広まっていったようです。

　そんな中，「パソコンを使わなくても大丈夫です」という子が現れました。もともと技能は高い子です。以前は，登場人物の言葉をその人になりきって音読し，予め録音したデータをプレゼンテーション資料の中に組み込んで10分間トークをしていました。むしろ，資料を投影する方法を広めてくれた1人です。その子が，あえて「パソコンを使わない」と言ったのは，以下のような理由でした。

「資料をつくっていくと，それを読もうとしたり，そのとおりに発表しようとしたりしてしまいます。もっと聞いている人とのやりとりをしたいから，あえて資料はメモくらいにします。今回は，カメムシのイメージを変えることができたらうれしいです」

　この回は，かつてない程の盛り上がりを見せました。これまでは，発表を聞き，その後で質問や意見をもらうという流れが多かったのですが，その場のやりとりを大切にしたことで，生きた質問，生きた答え，生きたやりとりが行われるようになりました。

「カメムシのにおいは，身を守るためなんですか？」
「そのとおりです。でも仲間と情報を交換するためでもあります」

「カメムシのお母さんは子育てをがんばっていますが，お父さんは何をしているのですか？」
「カメムシの場合は，オスは立ち去ってしまうため，メスだけで育てます」

「そもそも，なぜカメムシというのですか？」

「それは，調べていませんでした。次回までに調べて報告します」

　発表してくれた子は，この後クジラについて10分間トークを行うのですが，その際にカメムシの質問に答えていました。
　カメムシもクジラも好評で，その理由を聞いていた子たちに問うと

「知らなかった情報がたくさんあった」
「クイズを入れて話してくれたので，考えながら聞けた」
「みんなの反応に合わせて話してくれたので，おもしろかった」

という答えが返ってきました。できあがった発表を経験することも大切ですが，ライブ感のある発表を聞き，その場の雰囲気も含めて共有することも大切であると感じました。
　これ以降，「最後まで聞いてください」や「途中でも質問してください」と伝えてから10分間トークを始める子が増えました。発表内容によって自己決定する姿が，とても素敵でした。

テストトーク「自分らしさを自覚して，次の一歩を踏み出そう」

　二つめの課題である，自分の「やりたいこと」に素直に向き合える一方で，それだけになってしまい，学びが広がっていかない，ということについて，「テストトーク」という手立てを打ちました。手立てという程のものではないかもしれませんが，効果的であると考えています。
　まず，定期的に行っているテストが返却されたら，分析する時間を設けます。テストは，領域ごとに問題が分かれており，どの指導事項について問う問題かも決まっています。分析の時間には，その意図を全て伝えます。こどもたちは，毎週の振り返りの成果もあり，指導事項についておおよそ知っています。ですから，分析を行うと

「段落どうしの関係について考えていたつもりだったけれど，テストではできていなかったな」

「書いた文章を何回も推敲してきたから，テストの文も正しく直すことができたよ」

という反応が見られます。そこに「これからどうしたいか見えてきたかな」と声をかけることがテストトークの始まりです。

　分析が苦手な子もいるので，その子とは1対1でじっくりテストトークをすることもあります。問題の意図を一つ一つ伝え，こどもが自分の中でよかったと思うところと課題だと思うところの両方を聞きます。

「ここが苦手だと分かったので，教科書の〇〇の単元を特にがんばろうと思います」

「〇〇をがんばったから，結果もよかったのだと思います。とても楽しいのでしばらく続けようと思います」

　これからどうしたいか，ということが「苦手を克服すること」に向かう子もいれば，「得意を伸ばすこと」に向かう子もいます。このどちらも「今のまま」から動き出そうとしているので，とても素敵な一歩と言えます。

　自分で課題を決める際に大切にしてほしいことは，「やりたいこと」と「やるべきこと」を行ったり来たりして決めることです。

　「やりたいこと」だけになってしまうと，今の自分のままでいることが多くなるようです。そして別の「やりたいこと」が見付かると，そこへ移動して同じことをする。学びが点のままであり，広がりにくいということを，こどもたちの様子から感じました。

　そこで，「やりたいこと」に「やるべきこと」という視点を加えて，課題の自己決定ができるようにしました。「やるべきこと」とは，「自分の成長につながっていること」や「誰かのためになっていること」としました。これ

が「やらされること」にならないように，「やりたいこと」も大切にするよう伝えています。

ゴリラトーク「先生が本気で大切だと思うことを聞いてみよう」

これまでに述べたような「私が本当に大切だと思うこと」は，必ずこどもたちに伝えるようにしています。日々の対話の中でも伝えていますが，毎時間必ず時間をとって伝える場が「ゴリラトーク」です。なぜゴリラかと言えば，私が「こくごりら」とこどもたちに呼ばれたことから付けたものなので，深い意味はありません。

毎時間，終末の5分をゴリラトークの場としてもらっています。これまでに話したことの例を示します。

○自分らしく学ぶってどういうことかな。
○あなたらしく学ぶことを受け入れるってどういうことかな。
○何事も白か黒かを決めつけない方がうまくいくみたいだね。ちょうどいいグラデーションを見付けていこう。
○行ったり来たりを繰り返すことで，学びが広がるし深まるね。
○今日は「グリット＝やり抜く力」のお話です。
○調子のいいときも悪いときも含めて自分らしさだよね。でもそこからちょうどいい状態にもってくる「レジリエンス」のお話です。
○なぜ読書をするのだと思う？
○「やりたい」と「やるべき」のバランスがとれている課題が，一番粘り強く取り組める課題になるんだよ。
○共感の先にある「相手がよりよくなることを願った思いやり」が大切。
○学ぶということは，自分の中の地図が広がっていくことだと思う。

お気付きの方もいると思いますが，本書で述べたことばかりです。こどもたちに伝える際に表現を変えることはありますが，大切だと思うことを押し

付けるのではなく，共有することは大きな意味があると思っています。

　こどもたちからすると「自分の学びを進めたいのに」という思いもあるはずですが，「意味のある場」だと感じて，よく聞いてくれます。その期待に応えるためにも，私は学び続けています。

　学ぶ際には，二つ以上のエピソードを統合するようにしています。「本を読んで学んだこと」と「尊敬する先生が話していたこと」を比べていくと，抽象度の高いところで統合され，「やっぱり大切なことは似てくるものだ」と納得します。そう自分で納得できたものを伝えています。本やテレビ，漫画など，結局は何かを通して人の考えを統合することが多いのですが，そこに自分の経験や感情など，自分自身も統合することで，より納得できるようになると考えています。

　ゴリラトークを行っていて，難しいと感じることは「抽象度のグラデーション」です。これはお世話になっているコンサルタントの方にいただいた言葉です。

　「具体的なことを伝えると，分かりやすいかもしれないが，そこから外れる人もいる。ただ，みんなを包み込めるくらいの抽象的なことを伝えると，遠いことのように聞こえたり，自分事にならなかったりする。そこでちょうどいい抽象度の言葉を伝えることで，白か黒かのような具体と抽象の間がなめらかな色になる。」

　なるほど，と心から思いました。ですが，これが難しいのです。学び続けるのは，内容をアップデートするだけでなく，このなめらかなグラデーションをつくり出せるようになるためなのかもしれません。

　たった５分ですが，それが100回，200回と積み重なったら，大きな力になると思いませんか？　これからも学び続けて，あなたが本気で大切だと思うことを伝えていきたいですね。

では，「ゆだねる」ことで生まれた自由進度学習によって，こどもたちは
どのような学びをつくるようになったのでしょうか。手立ての効果はあった
のでしょうか。こどもたちの，その後の姿を紹介します。

Ａさん：計画は柔軟に。今は，来てくれるお客様のために書こう！

　計画を立て，順調なスタートを切ったＡさん。ですが，６月頃になると計
画どおりにいかないことが増えてきたようです。

Ｔ：何か困ったことがあったの？

Ａ：パンフレットづくりにもっと時間をかけたいのですが，そうすると１学
　　期中に終わる予定のものが終わらなくて。

Ｔ：この「聞き取りメモのくふう」を生かして「新聞を作ろう」の取材をす
　　れば，二つの単元を一緒に学ぶことができるよ。目的が同じなら，併せ
　　られるものも多くあるから。

Ａ：たしかに！　新聞づくりで書いた内容をパンフレットにも生かせるよう
　　にすれば，パンフレットづくりの時間がつくれそうです。

Ｔ：どんな力が付いたかな，ということが分かっていれば，関連する単元を
　　合わせて学ぶことは効果的だよね。でも，どうしてそんなにパンフレッ
　　トをつくりたいの？

Ａ：今年は久しぶりに公開授業があるからです。お客様が授業を見に来てく
　　れると聞いたので，そのお客様のためにパンフレットをつくりたいから
　　です。

Ｔ：じゃあ，その目的のために複数の単元をつなげて学べそうだね！

　お客様が迷わないように，学校の地図をベースに，各部屋の解説や学校の
よさを伝えるパンフレットをつくりたいのだそうです。「なんて素敵な理由
なんだ！」と思いました。Ａさんは「やりたいこと」と「やるべきこと」の
バランスを考えながら学んでいたそうです。レイアウトを工夫して，分かり

やすいパンフレットをつくることが楽しい。そのパンフレットが誰かのためになったらうれしい。この二つがあったから粘り強く取り組むことができたのだと捉えています。実際の公開授業の際には，お客様から直接フィードバックをもらって，とてもうれしそうでした。

　Aさんは，計画を立てること，計画を変更すること，抽象度を高めて統合すること，誰かのために取り組むこと，自分らしさを大切にすること，など大切ことをどんどん学んでいきました。この後，Aさんはさらに大きなチャレンジをすることになるのです。

Bさん：自分が今やるべきことは，これでいいのかな？

　「攻略本をつくる！」と言って，やりたいことに挑戦したBさん。ですが，そのやる気はだんだん下がっていき，ついには一緒に学んでいたメンバーは解散してしまいました。

T：攻略本づくりは，もう終わったのかな？
B：終わったというか，途中でもういいかなと思ってしまいました。好きなことだし，おもしろいけど，本物の攻略本にはかなわないし，やった方がいいことが他にあると思うようになりました。
T：ここまで取り組んだことは無駄にはならないので，どんな力が付いたのか振り返りは確実にやろうね。でも「やりたいこと」を大切にして進んできたけれど，「やりたい」という気持ちはしぼんでいくこともあるから。やっぱり「やるべきこと」も意識する必要があると思うよ。
B：今自分に必要なことは何かって考えて，次にやることを決めたいと思います。

　自分の「やりたいこと」に向かって進んでいくことは大切なことです。ですが，それだけで粘り強くやる気を維持して取り組むことは，とても難しいことなのではないでしょうか。「楽しい」「おもしろい」という気持ちをもち

ながら，「ためになった」「成長できた」「誰かに感謝された」という自他から得る達成感，満足感のようなものも必要であると考えます。特に他者とのつながりを実感できるような達成感，満足感をこどもたちに感じてほしいと思っています。

　自分の中で「やりたい」と「やるべき」を行ったり来たりすることに加えて，「自分のためにやりたい・やるべき」と「他者のためにやりたい・やるべき」も行ったり来たりできるようになることが重要ですね。

　そんなことを少しずつ考え始めたＢさんは，この後よりよい学びをつくっていくことになります。

Cさん：苦手な漢字も，好きなこととつなげたら楽しい！

　安心して学べる環境で，自分を調整できるようになってきたＣさんは，自分の苦手なことと向き合うことにしました。

Ｔ：みんなでどんなことを学んでいるの？

Ｃ：漢字が苦手だっていう話をしたら，「私も同じ」という人が結構いたので，一緒にやることにしました。

Ｔ：それは，みんなにとって「やるべきこと」なんだね。でも，漢字が苦手ということだけど，漢字は「やりたいこと」になるの？

Ｃ：それをみんなで考えていたんです！　それで，好きなこととつなげちゃおうということになりました。

Ｔ：どんなふうにつなげるのか教えてくれる？

Ｃ：社会の授業で埼玉県の特産品の話があったのですが，それがとてもおもしろかったので，他の都道府県の特産品を調べようと思っています。都道府県の漢字ブックに，漢字だけでなく特産品も書いて，その説明に４年生で習う漢字をたくさん入れたら，全部の漢字を使えるような気がします。しかも私は絵をかくことが好きなので，特産品の絵もかいていきたいです。

T：漢字を使えるという考え方が素敵だよね。覚えることも大切だけど，実際に使ってみて意味があると思うよ。何より，苦手なことをやりたいことにつなげたことが素晴らしい！

　自分だけで学ぶよりも，友達と一緒の方が，苦手なこともがんばれる気がするというＣさんの言葉のとおり，お互いによい効果を発揮し合って漢字を学ぶことができました。

友達と一緒に取り組むＣさん

> **Ｄさん：本当は友達と関わりたい。自分ができることをコツコツ続けていたら。**

　「やりたいこと」を見付けられるようになり，自分で学びをつくっていたＤさんが，浮かない表情をしていることに気が付きました。

T：話しかけてもいいかな？　今，どんなことを考えていたの？
D：実は，一緒に学びたい友達がいて，でも話しかけにくくて。
T：話しにくいのは，何でだろうね？
D：休み時間のときは，よく話すんだけど，授業のときには話すことが少なくて。自分は話すのがうまくないから，邪魔しないか心配で。
T：とても優しい考え方だよね。その優しい気持ちがあれば，きっと言葉にも表れるから，声をかけても大丈夫だと思うけど。
D：うーん。
T：最後に決めるのは自分だから，よく考えていいと思う。自分で決めたことは絶対に次につながるから。

　しばらくすると，Ｄさんは友達のところへいき声をかけることができまし

た。一緒に学んでみてどうかと聞くと，考えが広がっていくことが楽しいと言っていました。さらに，Ｄさんは「やりたいこと」と教科書にあるねらいをつなげて学び「やるべきこと」として学んでいました。地道に続け，でもおもしろそうに取り組んでいるＤさんに関わろうとする友達が自然と増えていきました。

　自分の「やりたいこと」にこだわりをもって取り組み続けたものがきっかけとなり，他者とつながっていくという素敵な様子を見ることができました。

〉〉 １年の終盤　「自分らしく学ぶ」「あなたらしく学ぶことを受け入れる」

　12月になり２学期が終わろうとしている頃，これまでの学びを振り返る機会を設けました。こどもたちは，毎週の振り返りによって，国語の具体の学びについて自覚できるようになりました。ですが，その振り返りとは異なり，「学び」ということについて抽象的に考えることで，この先いろいろな場面で生かせると考えたためです。このねらいは，もちろんこどもたちと共有しています。振り返りの項目とこどもたちの回答は次のとおりです。

....

①　「学ぶ」とは，どういうことだと思いますか。

・他者と一緒に学び，もめごとも解決しながら，最後まで本気でやりとおすこと。

・将来のために，いろいろなことを知って，自分で力を付けること。

・そのことを，全力で，がんばって，やりとげること。

・人にやらされるのではなく，自分からやるもの。

・自分が成長すること。

・自分を伸ばすこと。

・自分はなぜこの学びをしているのか，と自問自答して，意味のあることをすること。

・自分の意見をもち，他者の意見も聞き入れ，自分が思うようにやる。すると

何でもつながって楽しくなる。それが学び。

・自分の本領を発揮して，とことん突き進むこと。

・自分のためとか，友達のためとか，世界を変えたいとかの気持ち。

・自分や社会の未来のために，大切なことをたくわえるということ。

・得ること。

・未来をよりよくすること。

・生きる力を手に入れること。

・生きたいように生きるための力を付けること。

・自分のやりたいことをやるためには，そこにたどり着くまでに必ず壁にぶつかると思う。だから，その壁に立ち向かうことが学びだと思う。

② 「学ぶ」ときに，大切だと思うことは何ですか。

・本気で最後までやり抜くこと。

・人の考えを受け入れること。

・ためになることを楽しくやること。

・先生や友達の話を聞いて，でも違うと思ったら取り入れないで，自分で決めること。

・行ったり来たりして比べること。

・つくった人，関わった人の思いを考えること。

・それが本当に学びになっているのか確かめること。

・自分の思いも，一緒にやっている人の意見も取り入れること。

・「これだ！」というものを自分で見付けること。

・他者を思いやり，自己調整をすること。

・自分の意見もみんなの意見も尊重すること。

・相手が何を思っているのかを想像すること。

・おもしろいと思えることを本気になってやること。

・あきらめずに，粘り強く楽しむこと。

・その学びにどんな意味があるのかを考え，やってはいけないことと区別しな

がら自由に学ぶこと。

③　今後，どのような「学び」をつくっていきたいですか。
・自分のためになることをやりたい。
・楽しくて，力も付くような学びをしていきたい。
・1分1秒がムダにならないような学びをしていきたい。
・国語だけでなく他の教科も理解して学びをつくっていく。
・考えを止めないということを実行したい。でも学ぶ上で休憩も必要だ。ただ
　し，「サボる」と「休憩」は違う。「サボる」は考えることをせずに，楽をす
　るだけのこと。休憩は，リラックスして，自分のリズムで頭の中を整理する
　こと。
・コピペではなく，自分らしい学びをつくっていく。
・いろいろなことをやってみて，自分が一番いいと思うことを本気でやって，
　やりきりたい。
・あきらめないで，長く続けられるような学びをつくっていきたい。
・自分の好きではないことにもチャレンジできる学び。
・もっと外の世界に出て学びをつくっていきたい。
・相手のことを思いやって，自分にしかできない学びをつくる。
・今よりもっと楽しくて夢中になれる学びをつくっていきたい。
・自分の目標（将来）に向かいながら，いろいろなことにつながる楽しい学び
　をつくっていきたい。

　これでも全体の三分の一程度ですが，読みながら泣きそうになるくらい素
敵なものだと思います。信じて「ゆだねる」ことで，こどもたちが自分で学
び成長していったことを実感できました。「学びを止めるな」と言うならば
「信じてゆだねる」ことに取り組むべきだと強く思います。
　定期的に行っているテストの数値や自分の学びへの満足度の数値も3学期
が最も高いものになりました。自分で学びをつくることを楽しんでいるので

すから，当然の結果と言えるかもしれません。こどもたちは，本当に輝いていると感じています。

Ａさん：決めました！　私は物語を書きます！

これまで計画どおりに，バランスよく学びをつくってきたＡさん。ときには柔軟に計画を変更して，「やりたいこと」と「やるべきこと」の行ったり来たりを繰り返してきました。ですが，私には「やるべき」が強く働いているように見えていました。きっと，いろいろなバイアスがかかっているのでしょうが，いつか壁を破るような「やりたいこと」に取り組んでほしいなと思っていました。

すると，いろいろな教材を通して力を付けてきたＡさんが，うれしそうに声をかけてくれました。

「先生，決めました！　私は物語を書きます！」

映画のワンシーンかというくらい素敵な言葉と表情に，思わず笑顔になってしまいました。

このとき，Ａさんは４年生で身に付けたい力を全てクリアしたと自覚しています。私もそう見取っていました。そこで，これまでに取り組んだ中から自分が特に楽しかったことを考えた結果，物語を読むことと，書くことが浮かんだそうです。魅力的な登場人物，世界観を想像できる情景描写，先が気になる展開。これまでの学びが集約されたような作品でした。

こうなると私の出番はほとんどありません。時折読ませてもらって，国語の指導事項の視点と併せて，素敵だったことを伝えるだけです。ですが，それこそが自律的に学んでいくということだと思います。

いままでの全ての学びを生かして，「やりたいこと」に取り組む。これは教科を超えて，探究的に取り組むプロジェクトにつながっていく考え方だと思います。Ａさんの学びから，さらなる可能性を感じました。

Bさん：そうか，自分で考えたことが認められるからうれしいんだ！

攻略本をつくりたい。という気持ちがしぼんでしまったBさんですが，自分が「やるべきこと」に取り組みながら，本気で「やりたいこと」は何だろうとずっと探していました。

B：「ごんぎつね」を読んだ後，「ウナギのなぞを追って」を読んだら，ごんのいたずらしたウナギまで気になってきて，もう一度読み返してしまいました。物語だと分かっているけど，科学的な視点が入るのもおもしろいです。

B：「ランドセルは海をこえて」とニュースで流れている戦争のことが，つながると思いました。命について真剣に考えることがなかったので，平和であることが，本当に幸せだと感じました。

B：「世界にほこる和紙」と「伝統工芸のよさを伝えよう」を合わせて学んでいる友達がいたので，自分もやってみました。そこに社会科見学の「和紙づくり」の経験も生かして，自分の考えを書くことができました。

B：「もしものときにそなえよう」という文章を書くために，まずは校舎内の安全に関わるところの写真を撮ってきました。どう避難するか，どんな設備があるのか分かったので，避難訓練より勉強になったかもしれません。

私はBさんと話すたびに，なんて充実した学びをつくっているのだろうと感じていました。しかし，実際は物足りなさをずっと感じていたようです。そして，いろいろな経験をしたBさんが決めた「やりたいこと」は，もう一度あのモンスター育成ゲームについて取り組むことでした。

T：「やりたいこと」が見付かったと聞いて，とてもうれしくなったよ！でも前回は，最後までやり切れなかったと言っていたけど，今回は大丈

夫？

B：大丈夫です！　前回は，もともとある情報を調べてまとめることをやっ
　ていましたが，今回は自分が考える最善策をまとめて提案することをや
　ります。自分だけのアイデアをつくる方がおもしろいと分かったので，
　今度はやり切ります！

　試行錯誤して生み出す楽しさ。自分で考えたものだからこそ，それを受け
入れてもらえるうれしさ。その大変さとうれしさを知ったから，他者にも優
しくなれる。Bさんは学びをつくることで，人としても大きく成長したのだ
と感じました。

> ## Cさん：好きなことを，とことんやることが，自分らしく学ぶというこ
> と。

　友達と学ぶことに楽しさを感じているCさんは，友達に自分のことをもっ
と知ってもらいたいと思ったそうです。文も絵もかくことが好きなCさんは，
好きなもののリーフレットを作成して伝えることにしました。その内容は，
「推し」についてです。好きなものの紹介では印象が変わってしまうとCさ
んは言っていました。あえて「推し」という表現を使うことで，共有できる
ものがあるそうです。

　Cさんは，自分の「推し」について，興味のない人にも魅力を伝えたいと
いう明確な目的意識，相手意識がありました。詳しい情報とあふれる思いの
両方を，構成を工夫しながら書くことができました。そして，当然ではあり
ますが終始高いモチベーションを維持して書き切ることができました。

　書くことが嫌いだという子が多い。という話を先生方からよく聞きます。
だとするならば，「好きなことを，とことんやることが，自分らしく学ぶと
いうこと」というCさんの姿にこそ解決の糸口があると考えます。この姿を
求めるならば，「ゆだねる」ことをするしかありません。実際，「ゆだねる」
ことを1年間続けてきた結果，「好きなことを，とことんやる」姿が，たく

さん見られるようになりました。

....

○Cさんの様子を見て，自分も「推し」を伝えたいという子が増えました。あ
　る子は，文章を通して自己開示できたことに喜びを感じていました。
○大好きなテーマパークについて調べ，実際に経験したことも交えてガイドブッ
　クをつくりました。頁は120を超え，これをテーマパークを運営する会社
　に届けるところまで，とことん取り組むことができました。

....

　この他にも，歴史が好きな子が「短歌・俳句」について時代背景も含めて
調べたり，皆既月食を「感動を言葉に」という教材とつなげて書いたりする
など，自分らしく学ぶ姿が全員から見られました。先生がレールを敷きすぎ
ると，この姿は見られません。やはり，できるところから「ゆだねる」こと
に取り組んでいきたいですね。

Dさん：自分はこれ。きみはこれ。足りない部分は助け合おう。

　3学期のDさんは，多くの友達と一緒に学びをつくりました。おもしろい
生き物について，宇宙について，サメについて，ウナギについて，「プラタ
ナスの木」について，流行のゲームについて等，自分の興味のあるテーマに
取り組むたびに，別の友達と学んでいました。

　そこで素敵だなと思ったところは，自分にできること・得意なこと，相手
の子ができること・得意なことを共有し，それぞれが助け合って一つのもの
をつくっていたということです。

　どの力も付けられるように，まんべんなく学び，未来の選択肢が増えるよ
うな授業をする，という考えも理解しています。しかし，それだけでは平均
的な同じような人を量産するだけになってしまいます。それでは立ち行かな
い時代であることは御存知のとおりです。

　自分らしさを発揮し，お互いが補い合うことで目的を達成する。そのため
に対話を通してお互いを知る。対話を通して対立をお互いの納得に近付ける。

そんな人になってほしいと思いませんか？

　やりたいことが見付からない，人と関わることが不安だ，と言っていたＤ
さんが，「自分らしく学ぶこと」と「あなたらしく学ぶことを受け入れるこ
と」を行ったり来たりしながら学ぶ姿を見て，私は心から尊敬しました。

〉〉 完全自由進度学習のその先へ

　こどもたちを信じて「ゆだねる」この完全自由進度学習に取り組んできた
ことで，こどもたち全員が「自分らしさ」について考え，「自分らしく学ぶ
こと」をつかんだ，あるいはつかみ始めたことは間違いありません。これは
大きな成果であると感じています。

　一方で課題も残りました。それは，本当の意味で「あなたらしく学ぶこと
を受け入れる」という姿が見られなかったことです。これだけ個を尊重する
と対立を避けるようになるのです。大きな目的に向かって対立を乗り越え，
いかに納得するかということを経験することで，「あなたらしく学ぶことを
受け入れる」姿が見られるようになるのだと思います。ですから，完全自由
進度学習の先には，自律した姿を願う適切な枠組を取り入れる必要があると
考えました。

　間違ってはいけないのは，先に枠組があるのではなく，あくまで自律のた
めの枠組であるということです。先生が指導しやすいから，評価しやすいか
らという都合によって生まれる枠組は，こどもたちに我慢を強いるだけで，
何も生み出しません。顔色をうかがう，自分で判断しなくなる，やる気がな
くなるという状況になるだけです。

　ですから，対話を通して枠組の意図を共有し，こどもたちが納得して学ぶ
ことができるようにするのです。私は，こう伝えようと思っています。

　「やりたいことをやる」から始まり，「やりたくないこともやりたいことに
できる」という人。
　「安心できる相手と関わる」から始まり「意図的に相手と関わる」になり「誰

と関わっても目的を達成できる」という人。

　具体の対立を乗り越え，抽象度の高い大きな目標に向かって，よりよい納得解を探し出すことに粘り強く取り組む人。

　そういう人になってほしいと私は願っています。そのためには，学校という安心して挑戦し失敗できる場所で，その経験をする必要があるのです。

　これまでのように，自分で学びをつくっていくことも続けます。ですがそれだけでなく，他の人の課題，いつもと違うメンバーで学ぶことも経験してほしいのです。うまくいかないこともあると思います。何もしなければ起きなかった対立が起きるかもしれません。でも，それこそが学びだということをみなさんに実感してほしいと思っています。

　以下の例は，先生方からすると当たり前のことかもしれません。これまでもやってきたことだと感じることでしょう。ですが，「ゆだねる」ことに取り組んできたからこそ，本気で大切だと伝えたいと思います。

チームプロジェクトに取り組む

....

- ○メンバー（相手）を指定する。私が意図的に組んだり，くじで決めたりするのもいいだろう。そこから心理的安全性を構築するのは大変だが，自己開示を繰り返し，どんなことを大切にしているのかを分かり合えるようになってほしい。
- ○５人くらいのチームを考えている。３人だとスムーズにいき過ぎることがあるからだ。また，５人だと人に任せっきりになる子もいる。そんなときお互いにどうするのかも学んでほしい。
- ○時間も指定する。無限に対話の時間をとることができればいいが，現実はそうではない。十分に対話できる時間を設定したいと思うが，もし時間の中で納得できるところまで到達しなかったら，それを次回に生かせばいい。安易に多数決をとるようなことは絶対にしないようにする。
- ○方法は指定しない。どんなプロセスをたどっても，目的にたどりつくことが

重要だからである。

○課題はときに指定する。ただ，指定する際は抽象度の高い大きな課題である
　ようにしたい。その中から具体的にどんな課題を立てるのかは，チームにゆ
　だねたい。また，本物と出会うために，ゲストティーチャーをお呼びして，
　その方に課題を設定していただくこともできる。

○私は，一緒にプロジェクトに取り組む立場で参加する。教えたり評価したり
　するのではなく，ともにつくることを大切にしたい。

○いろいろあって「なるほど」という「広げる」ことは大切だが，なぜいろい
　ろあるのか，その背景は何か，どんなプロセスを経てきたのか等もふまえて，
　「深める」ところまで目指して，納得できるように。

個人プロジェクトに取り組む

○「自分らしく学ぶこと」にとことんこだわって取り組む時間。

○ここでは，完全自由進度学習を目指し，四つの自己決定ができるように「ゆ
　だねる」ことを行う。そのため，個人プロジェクトであっても，相手を自己
　決定し，友達と取り組むこともある。

○私は，一緒につくる立場を大切にしながら，時には次の一歩を踏み出せるよ
　うな，その子に合った関わり方も大切にしていきたい。

　このような二つのパターンのプロジェクトを併用して（例えば1週間交代
とか），個の学びとチームの学びを行ったり来たりしながら学べるようにし
ていきたいと考えています。

　「やりたい」と「やるべき」のバランスをとって。自分と相手の納得のバ
ランスをとって。具体と抽象のバランスをとって…。

　そのような行ったり来たりを自分で繰り返し，よりよい自分へとアップデ

ートしていくことが，完全自由進度学習の先，「ゆだねる」ことの先にある姿です。そんな姿のこども，そんな姿の大人が増えていけば，未来がよりよくなっていきますよね。

　私たちの役目は，尽きることはありません。「よりよい未来」を目指して，まずは「ゆだねる」ことに取り組んでみてください。きっと身近な世界が変わっていきますよ。

　この本を手に取ってくださった方といつか会える日を楽しみにして，私も，まだまだ学んでいきます。そのときまで，ともに歩んでいきましょう！

【著者紹介】
吉野　竜一（よしの　りゅういち）
埼玉大学教育学部附属小学校教諭。
1984年生まれ。埼玉大学教育学部を卒業後，埼玉県上尾市の小学校教員として10年間勤務。平成29年より，埼玉大学教育学部附属小学校に勤務。
全てのこどもたちが「生きたいように生きること」を目指して，未来を拓く言語能力育成のため，国語の研究・実践に取り組んでいる。

こどもにゆだねる国語授業　「自由進度学習」の
取り入れ方・進め方

2023年6月初版第1刷刊 ©著　者	吉　　野　　竜　　一
発行者	藤　原　光　政
発行所	明治図書出版株式会社

http://www.meijitosho.co.jp
（企画）木山麻衣子（校正）吉田　茜
〒114-0023　東京都北区滝野川7-46-1
振替00160-5-151318　電話03(5907)6702
ご注文窓口　電話03(5907)6668

＊検印省略　　組版所 株式会社プリント大阪

本書の無断コピーは，著作権・出版権にふれます。ご注意ください。

Printed in Japan　　　　　　　ISBN978-4-18-331735-3

もれなくクーポンがもらえる！読者アンケートはこちらから